“大运河人物故事”丛书

丛书主编 张廷皓

元末治河工程实施者

# 贾鲁

魏曙光 著

南京出版传媒集团 南京出版社

**图书在版编目（CIP）数据**

元末治河工程实施者——贾鲁 / 魏曙光著. -- 南京：南京出版社，2025. 3. --（“大运河人物故事”丛书）.

ISBN 978-7-5533-5165-0

Ⅰ. K826.1

中国国家版本馆CIP数据核字第2025R9K789号

**丛 书 名** 大运河人物故事
**丛书主编** 张廷皓
**书　　名** 元末治河工程实施者——贾鲁
**作　　者** 魏曙光
**出版发行** 南京出版传媒集团
南 京 出 版 社
**社　　址** 南京市玄武区太平门街53号
**邮　　编** 210016
**联系电话** 025-83283873、83283864（营销）　025-83112257（编务）

**策划统筹** 卢海鸣　徐　智
**责任编辑** 彭　宇
**装帧设计** 王　俊　张　淼
**责任印制** 杨福彬

**排　　版** 南京新华丰制版有限公司
**印　　刷** 江苏扬中印刷有限公司
**开　　本** 787毫米×1092毫米　1/32
**印　　张** 3.5
**字　　数** 62千
**版　　次** 2025年3月第1版
**印　　次** 2025年3月第1次印刷
**书　　号** ISBN 978-7-5533-5165-0
**定　　价** 15.00元

# 总 序

大运河是中国人民的伟大创造。这条始建于公元前486年的人工水道，作为中国历史上贯穿南北的大动脉，集漕粮运输、商旅交通、军资调配、水利灌溉等功能于一身，不但加强了全国各地区间的政治、经济联系和文化交流，维护了多民族大一统国家的稳定和发展，而且使北方的丝绸之路和南方的海上丝绸之路在古老大陆的东方形成了闭环，因而具有世界意义。时至今日，大运河沿岸遍布城镇、码头、仓库、船闸、桥梁、堤坝等各类遗存，构成了中国乃至世界范围内罕见的线性文化带，并成功地在2014年6月22日第38届世界遗产大会上入选《世界遗产名录》。2017年6月，习近平总书记对建设大运河文化带作出重要指示，指出“大运河是祖先留给我们的宝贵遗产，是流动的文化，要统筹保护好、传承好、利用好”。2019年2月，中共中央办公厅、国务院办公厅联合印发《大运河文化保护传承利用规划纲要》，就进一步保护好、传承好、利用好大运河沿线的丰富文化遗产提出了明确要求。

回顾大运河萌芽、发展和演变的过程，诸如国家政策、政治形势、军事需要、地理环境等，虽然也都会对其历史变迁产生一定程度的影响，但从根本上来看，“人”的作用往往显得更为重要。千百年来，大运河的规划者、开凿者、建设者、管理者、治理者，以及其他与大运河有关的各类人物，凭借着不拘一格的思考方式、与时俱进的思维理念、突破常规的制度创新、因地制宜的技术方法革新，比较圆满地解决了大运河形成过程中所遇到的自然、运输和管理等一系列问题，实现了大运河从地区性到整体性、临时性到制度性、零散性到系统性的质变。这些大运河历史上涌现出的杰出人物，作为创造、改变和塑造大运河的主体和关键，其思想观念中闪烁着的智慧光芒，和一言一行中表现出的担当作为，不仅是大运河历史上无比珍贵的宝藏，同时也是彰显和传播中华民族灿烂文明的重要文化遗产，值得我们进一步挖掘和弘扬。

与蔚为大观的河道变迁、漕运制度、城镇商业、文化风俗等成果相比，有关大运河人物的研究相对薄弱。为了展现大运河深厚而丰富的文化内涵，传承和弘扬中华优秀传统文化，南京出版传媒集团（南京出版社）决定推出一套“大运河人物故事”丛书。这套面向广大青少年读者的普及性读物，精选历代与大运河有关的著名人物，时间上从春秋战国直至民国时期，空间上则覆盖隋唐大运河、京杭大运河和浙东运河。每册均邀请学有专长的作者撰写，力图在准确把握史实的基础上，用生动活泼的语言文字，引人入胜的故事情节，丰富多彩的知识拓展，刻画每一位大运河人物的主要经历，涉及凿河规划、水利建设、漕运管理、治运思想与实践、研究著述以及后世影响等，在折射大运河变迁轨迹的同时，充分展现出这些人物与大运河的密切关系，以及对大运河的变迁所发挥的作用。

青少年是国家的未来和民族的希望，肩负着实现中华民族伟大复兴、建设社会主义现代化强国的历史重任。近年来，南京出版传媒集团（南京出版社）先后推出了“抵御外侮——中华英豪传奇”“抗战十四年·中华儿女传奇”等多套青少年读物，在培养青少年爱国主义精神、培育和践行社会主义核心价值观等方面，起到了十分积极的作用。衷心希望“大运河人物故事”丛书能成为广大青少年认识和了解大运河历史文化的良师益友，在深化他们对大运河文化内涵认知的同时，展现中华民族的聪明才智和中华文明的灿烂辉煌，为他们的健康成长树立文化自信，使之成为将来建设国家的栋梁之材。

张廷皓

（作者系中国文物学会大运河专业委员会主任委员、中国文化遗产研究院原院长）

# 目 录

# 第一章　早年经历

## 参加科举

山西东南部的晋城盆地，大致北起丹朱岭和羊头山，西北达太岳山余脉东乌岭，西南至中条山主峰历山舜王坪，东南抵太行山、王屋山，四周群山环绕，中部相对平坦，与古代山西泽州府管辖范围大体一致，故而也称为泽州盆地。自古以来，泽州府物华天宝，人杰地灵，相传女娲氏、神农氏、九黎部落首领蚩尤及尧、舜、禹等都曾在这里活动过。公元前260年，历史上著名的长平之战就发生在晋城高平市一带。显德元年（954），后周世宗大胜北汉军于巴公原（今山西晋城市郊北），更是留下了著名的巴公原遗迹。

元成宗元贞三年（1297），著名水利学家贾鲁，字友恒，又作有恒，出生在河东高平（今山西高平市）。元朝历史文献中没有留下贾鲁家庭的信息，只是说贾鲁

“自幼怀有志向气节，成年后，谋略过人”。元仁宗即位后，为整治吏弊，下决心恢复科举制度。元仁宗皇庆二年（1313），朝廷颁布科举诏，宣布次年开考。科举制度恢复后，贾鲁获得了施展才能的机会。

元仁宗（《中国历代帝王名臣像真迹》）

元朝政府规定，每三年开试一次，分为乡试、会试、殿试三道。乡试为地方考试，于八月举行，考生须经本地政府官员推举。乡试合格的举人，在乡试次年二月在大都（今北京市）举行会试，由礼部主持。会试科目与乡试相同，会试最多可以取录一百人，于会试次月在翰林院参加殿试。元朝科举取士规模十分有限，而且给蒙古、色目人降低了考试难度，与前代相比，程朱理学被正式定为考试标准。

### 小贴士：程朱理学

创始人为北宋的周敦颐、邵雍及张载，继后有程颢和程颐兄弟，其中以二程兄弟的思想贡献最大，他们直接影响了南宋的朱熹。南宋时期，理学最终形成。理学逐渐成为宋元明时期儒家思想学说的统称。朱熹总结了宋代理学思想，建立起庞大理学体系，是集宋代理学诸家诸派之大成者，其思想成就代表了宋代儒学发展的高峰。到南宋后期，程朱理学已被宋廷尊为官方学术。

皇庆二年科举诏书的颁布，在士人阶层中引起了极大的刺激和震动。宋朝著名文人刘辰翁之子刘将孙在诗中写道："废简回春冷灰外，寒窗读赋万山中。"被誉为"老子复出"的赵仪可在科举诏颁之年已经七十五岁，仍然想参加科举考试。正是在这种情况下，贾鲁也下决心参加科举考试。元朝山西地方的乡试资料已经不存，现存的《三场文选》等乡试资料记录了江西、江浙等地区每位考生的家庭信息、学习情况和考试内容等。延祐元年（1314）八月，各地举行了第一次乡试，贾鲁

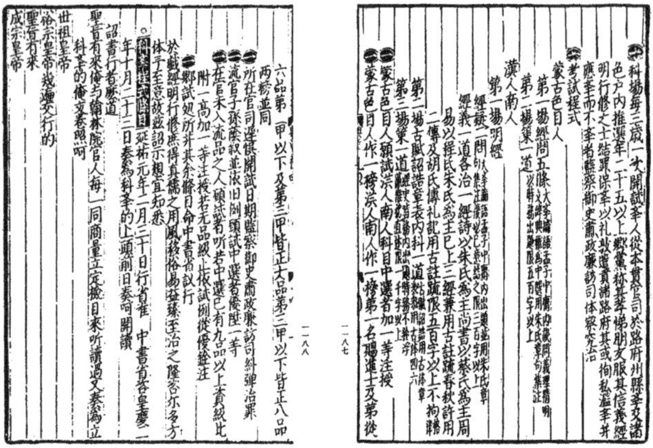
一科場每三歲一次開試舉人從本貫官司於路府州縣舉文諸
色戶內推選年二十五以上鄉黨稱其孝悌朋友服其信義經
明行修之士結罪保舉以禮敦遣貢諸路府其或徇私濫舉并
應舉而不舉者監察御史肅政廉訪司体察究治
一考試程式
蒙古色目人
第一場經問五條
第二場策一道
漢人南人
第一場明經
經疑二問
經義一道各治一經詩以朱氏為主尚書以蔡氏為主周
易以程氏朱氏為主已上三經兼用古註疏春秋許用
二傳及胡氏傳礼記用古註疏限五百字以上不拘格律
第二場古賦詔誥章表內科一道
第三場策一道
一蒙古色目人願試漢人南人科目中選者加一等注授
一蒙古色目人作一榜漢人南人作一榜第一名賜進士及第從
一一八七

六品第二甲以下及第三甲皆正七品第三甲以下皆正八品
兩榜並同
一所在官司遲慢開試日期監察御史肅政廉訪司糾彈治罪
一流官子孫廕叙並依旧例願試中選者優陞一等
一在官未入流品之人願試者听若中選已有九品以上資級比
附一高加一等注授若无品級止依試例從優銓注
一鄉試処所并其余條目命中書省議行
於戲經明行修庶得真儒之用風移俗易益臻至治之隆咨尔多方
体予至意故茲詔示想宜知悉
○科舉程式條目 延祐元年二月二十日行省准 中書省咨皇慶二
年十月二十三日奏為科舉的上頭前日奏呵 開讀
詔書行者麼道
聖旨有來俺与翰林院官人每一同商量立定檢目來听讀過又奏為立
科舉的俺文卷照呵
世祖皇帝
裕宗皇帝 幾遍交行的
聖旨有來
成宗皇帝
一一八八

元朝科举考试程式（《元典章》元刻本影印本）

时年十七岁，年龄太小，不大可能参加这次乡试，延祐二年（1315）朝廷举行了第一次会试、殿试，共录取了五十六人，护都沓儿为右榜第一人，张起岩为左榜第一人。到了延祐四年（1317）八月，各地举行了第二次乡试，贾鲁时年二十岁，他应该是在这一年参加乡试的，并且考试合格，成为举人。

元仁宗延祐四年（1317），贾鲁拿着地方政府开具的解据，前往大都参加延祐五年（1318）的会试，很可惜，他没有考中进士。这次会试、殿试共录取了五十人，忽都达儿为右榜第一人，霍希贤为左榜第一人。延

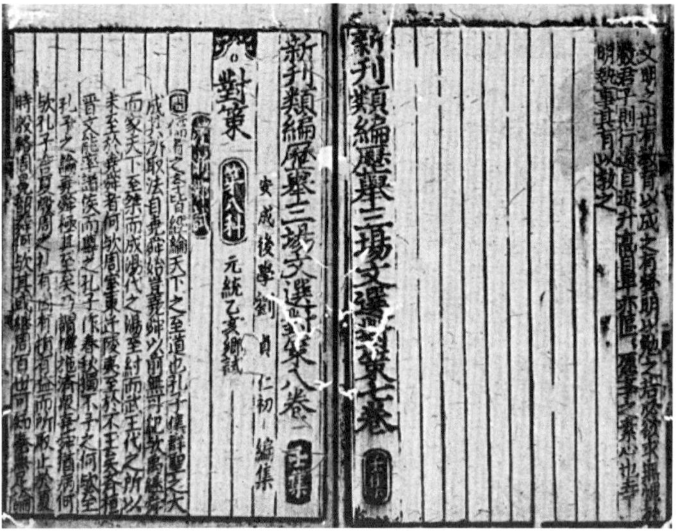
新刊類編歷舉三場文選對策七卷

新刊類編歷舉三場文選對策八卷

安成後學劉貞仁初編集

對策

元統乙亥鄉試

元朝乡试文件

祐七年（1320）三月，时年十七岁的元仁宗嫡子元英宗即位，次年改年号为至治。元英宗自幼受儒学熏陶，登基后继续推行以儒治国的政策。延祐七年（1320），元朝政府举行乡试，时年二十三岁的贾鲁参加了这次乡试，这次他又考中了举人。至治元年（1321）元朝政府举行会试、殿试，共录取了六十四人，泰普花为右榜第一人，宋本为左榜第一人。贾鲁参加了这一年的会试，这次他也没有考中进士。

## 小贴士：解据

元朝科举，乡试中选者才能到大都参加会试，“解据”是举子的乡试中选凭证，要送到中书省礼部，身份勘验完成后，方可参加会试。解据样式为：□□□□（某）□（省）□（道）某路照得《□（中）□（书）□（省）□（奏）□（唯）□（科）举条目》内一件：“乡试中选者各给解据录□（连）□（取）□（中）□（科）□（文）□（行）省所辖去处移咨都省送礼部，腹里宣慰□（司）□（及）□（各）□（路）□（关）□（申）礼部，拘该监察御史、廉访司依上录连科□（文）□（申）□（台）□（转）□（呈）□（都）省以凭照勘会试”奉准此，某道某路备某州□□□□□□某学生是何户某人年若干委是乡党称□（其）□（孝）□（悌）、□（朋）□（友）□（服）其信义、经明行修之士，即非徇私滥举某□□□□□□□县官吏结罪保举是实本省本道本路于□□□□□□□请到试官某人同监察御史某廉访司官□（某）□□□□□□到前项科文考校得合格中选，堪充会试□□□□□□□今将元试文字录连前去，合行出给解据□□□□□□□（大）都会试。

# 恩授入仕

作为至治元年落第士子之一的贾鲁，还没有等到元英宗颁布安置下第举人的“恩例”，便遇到了当时震惊朝野的南坡事变。元英宗被杀，晋王也孙铁木儿继承大统，史书上称其为泰定帝。泰定元年（1324），政府规定，下第举人中，蒙古、色目人“年三十以上并两举不第者与教授，以下与学正、山长”；汉人、南人“年五十以上并两举不第者与教授，以下与学正、山长”。这一年，贾鲁二十七岁，不符合“年五十以上”的规定，但他作为元仁宗和元英宗朝的落第士子，符合“两举不第者与教授”的规定，元朝政府任命他为东平路（今山东东平县）儒学教授。

泰定元年（1324），黄河在大清口决口，从三汊河东南的小清河流入淮河，自此黄河由淮河入海。元朝著名文学家贡奎之子贡师泰，出生在宣城（今安徽宣城市），当时为国子生，泰定四年（1328）以父荫入仕。贡师泰曾任吏部侍郎、兵部侍郎，礼部尚书，官至户部尚书，以散文闻名，著有《玩斋集》。贡师泰曾写过一首名为《河决》的长诗，描述了黄河决口带来的灾难，诗云：

去年黄河决，高陆为平川。
今年黄河决，长堤没深渊。
浊浪尽翻雪，洪涛远春天。
滔滔浑疆界，浩浩襄市廛。
初疑沧海变，久若银汉连。
怒声恣砰磕，悍气仍洄漩。
毒雾饱鱼腹，腥风喷龙涎。
鼋鼍出衮衮，雁凫下翩翩。
人哭菰蒲里，舟行桑柘颠。
岂惟屋庐毁，所伤坟墓穿。
丁男望北走，老稚向南迁。
县官出巡防，小吏争弄权。
社长夜打门，里正朝率钱。
鸠工具畚锸，排户加笞鞭。
分程杵登登，会聚鼓阗阗。
虽云免复溺，谁复解倒悬？
弥漫势稍降，膏血日已朘。
流离望安集，荒原走疲癫。

孤还尚零丁，旅至才属联。
园池非故态，邻里多可怜。
贫家租旧地，富室买新田。
颓垣吠黄犬，破屋鸣乌捷。
秋耕且未得，夏麦何由全？
窗泥冷窥风，灶土湿生烟。
顷筐摘余穗，小艇收枯莲。
卖嫌鸡鸭瘦，食厌鱼虾鲜。
榆膏绿皮滑，蕈菹紫芽圆。
乍见情多感，久任心少便。
金堤塞已溃，淇园竹为楗。
玉璧沈白马，冠盖相后先。
舜禹事疏凿，汉唐劳委填。
瓠子空作歌，宝鼎徒纪年。
昨闻山东饥，斗米直十千。
即今江南旱，骨肉皆弃捐。
仓廪岂不实？赈贷犹迍邅。
恐是廊庙远，不闻道路传。
恐是天听高，致使雨露偏。
小臣思覆载，百念倍忧煎。

踌躕惨莫发，愤结何由宣？

作诗备采择，孰敢希陶甄？

平成谅有在，更献《河清》篇。

贾鲁来到东平上任后，目睹了黄河决口带来的灾难，从此立下治理黄河的志向，逐渐成长为中国古代历史上著名的水利专家。贾鲁后来做过肃政廉访司和行省的吏员，在此期间，他结识了比他小一岁的贡师泰。贾鲁由于业绩突出，被任命为潞城县（今山西潞城市）尹。潞城县属中书省平阳路（今山西临汾市）潞州，依

**小贴士：元代地方学官配置**

| | |
|---|---|
| 路学 | 教授一或二员（从八品） 学正一员 学录一员 |
| 散府、上中州学 | 教授一员（从九品） |
| 下州学 | 学正一员 |
| 书院 | 山长一员 |
| 县学 | 教谕一员 |

山东东平黄河

户数多寡划为下县，设达鲁花赤一员，县尹一员，正七品。贾鲁赴任之时，贡师泰曾写《送贾有恒赴潞城县令》一诗相送，诗云：

上党人参五叶齐，郎君春日马行西。
满溪蓝水鱼初上，绕县青山莺乱啼。
小吏报筹衙欲退，长官收印手还题。
洛阳自古多才思，好赋新诗写赫蹄。

没过多久，贾鲁被选为丞相东曹掾，拟提拔为户部主事。还没等上任，有一天，贾鲁忽然感到心悸，很快得到了其父送来的书信。他看到父亲书信写的“笔势颤缩”，感觉不好，就立即辞别回家，等他赶到家中，父亲已经中风，不久就去世了。

### 小贴士：肃政廉访司

元世祖至元六年（1269），立提刑按察司四道，其后陆续增设。至元二十八年（1291），改为肃政廉访司，掌地方监察，共设二十二道：腹里与河南、辽阳行省八道，隶属于御史台；江浙、江西、湖广行省十道，隶属于江南行御史台；陕西、甘肃、四川、云南行省四道，隶属于陕西行御史台。秩正三品，设置肃政廉访使、副使、佥事、经历等员。廉访司官分临所管路分监察，称为分司，每年八月至次年四月出巡，断决六品以下官吏轻罪，复审地方已断民间称冤案件，复审签署官员考校政绩。

# 第二章　赴京任职　力陈时弊

## 入局修史

致和元年（1328）七月，泰定帝死于上都（遗址在今内蒙古锡林郭勒盟正蓝旗）。元武宗旧臣钦察人床兀儿之子燕铁木儿在大都发动政变，与上都一方开战。燕铁木儿获胜后，先是拥立元明宗，元明宗暴毙后，又拥立元文宗，成为“一人之下，万人之上”的权臣。元文宗死后，遗诏立其兄元明宗和世瑓之子，燕帖木儿立元明宗年仅七岁的次子懿璘质班为元宁宗。元宁宗做了四十三天皇帝就死了，不久，燕铁木儿荒淫过度而死。元文宗的皇后和大臣经过商议，立元明宗长子妥懽帖睦尔为帝，是为元顺帝。后至元六年（1340）十一月，元顺帝任命脱脱为中书右丞相，推行一系列新政，力图解决元朝末年的社会危机，史称“更化”。

元上都遗址

在脱脱主持的这些新政措施中，有一项措施为修撰辽、金、宋三史。元朝建立后，就辽、金、宋三史谁为“正统”的问题一直争论不休。有人主张辽、金为北史，宋太祖至宋徽宗为宋史，宋高宗以后为南史；有人主张以宋为世纪，辽、金作载记；又有人主张宋、金都不是正统。元世祖和元仁宗时就曾令史臣通修三史，最终因为没有确定义例，一直未能定稿完成。直到元顺帝时，脱脱独断曰："三国各与正统，各系其年号。"脱脱在确定三史各为正统的原则等方面起了很大作用。在脱脱的领导下，史官确定了《三史凡例》。

### 小贴士：脱脱

脱脱：字大用，蒙古蔑儿乞氏，父为马札儿台。幼为伯父伯颜抚养，十五岁时为皇太子怯怜口怯薛官。元顺帝元统间官至同知枢密院事，时伯颜专权，害怕家族被伯颜连累。至元六年（1340），与世杰班、阿鲁等乘伯颜在柳林狩猎（今河北通县南）之际，奉元顺帝诏，罢逐伯颜。至正元年（1341），出任右丞相。废除伯颜旧政，昭雪诸王冤狱，恢复科举，修撰宋、辽、金三史，一时被誉为"贤相"。至正四年（1344），因病辞位。至正九年（1349），复相。更改钞法，印行至正交钞，用贾鲁治黄河，取得成功。至正十二年（1352），率兵击败徐州芝麻李红巾军。至正十四年（1344），统兵围攻高邮张士诚，城快要攻下时，为朝中政敌弹劾，罢官流放云南。后被哈麻毒死。

至正三年（1343），元顺帝命中书右丞相脱脱修辽、宋、金三史，任三史都总裁，调拨江南原南宋学田作为修史经费，组织人员修史。这时贾鲁服丧期满，他来到大都，起为太医院都事。太医院，“掌医

**小贴士：《三史凡例》**

一、帝纪：

三国各史书法，准《史记》《西汉书》《新唐书》。各国称号等事，准《南》《北史》。

一、志：

各史所载，取其重者作志。

一、表：

表与志同。

一、列传：

后妃，宗室，外戚，群臣，杂传。

人臣有大功者，虽父子各传。余以类相从，或数人共一传。

三国所书事有与本朝相关涉者，当禀。金、宋死节之臣，皆合立传，不须避忌。其余该载不尽，从总裁官与修史官临文详议。

一、疑事传疑，信事传信，准《春秋》。

事，制奉御药物，领各属医职”。长官为院使，正二品，都事为属官，从七品。贾鲁来到大都太医院工作后，正好遇到脱脱组织修撰辽、金、宋三史的史馆，他作为太医院都事被丞相脱脱借调进入《宋史》写作班子，受脱脱和总裁官欧阳玄等人的领导。至正三年（1343）三月，三史同时起修，至正四年（1344）三月完成《辽史》，同年十一月完成《金史》，至正五年（1345）十月完成《宋史》。《宋史》局中，贾鲁只是一个举人，而他的同事如斡玉伦徒、泰不华、宋褧、王思诚、余阙、张翥、危素等则是进士，贾鲁的工作能力得到了各族士人的认可。贾鲁在脱脱的领导下工作了两年多，这为其以后的合作打下了基础。

《宋史》局修史人员有：

| | |
|---|---|
| 领三史事 | 阿鲁图、别儿怯不花 |
| 都总裁 | 脱脱 |
| 总裁官 | 铁木儿塔识、贺惟一、张起岩、欧阳玄、李好文、王沂、杨宗瑞 |
| 史官 | 斡玉伦陡、泰不华、杜秉彝、宋裴、王思诚、干文传、汪泽民、张瑾、麦文贵、贡师道、李齐、余阙、刘闻、贾鲁、冯福可、赵中、陈祖仁、王仪、余寅、谭慥、张翥、吴当、危素 |

资料来源：欧阳玄《进宋史表》

在《宋史》修撰中，浏阳（今湖南浏阳）人欧阳玄出力最多。欧阳玄，字原功，号圭斋，延祐二年（1315）进士。元文宗时任艺文少监，参与修撰《经世大典》。元顺帝元统元年（1333），授翰林直学士，编修四朝实录。至正初年，元顺帝诏修辽、金、宋三史，欧阳玄被召为总裁官，他发凡举例，使论撰者有所依据。史官中如果有人悻悻露才、论议不公，欧阳玄不以口舌为争，等他们呈送，提笔改订。至于论、赞、表、奏，都是欧阳玄撰写。贾鲁作为史官之一，所写的文稿得到了欧阳玄的修订。欧阳玄六入翰林，朝廷册诰多出其手，朝廷表彰贾鲁治功绩的碑文就是出自欧阳玄之手。

欧阳玄（《欧阳玄全集》）

除欧阳玄《进宋史表》提到的总裁官外，《宋史》局的总裁官还有揭傒斯。揭傒斯，字曼硕，龙兴富州（今江西丰城）人。幼贫，读书刻苦，早有文名。元仁宗延祐初，由程钜夫等荐为翰林编修，撰功臣列传。元文宗时，任奎章阁授经郎，教勋戚大臣子孙读，参与修纂《经世大典》。元顺帝初年，累升为翰林侍讲学士。脱脱曾问揭傒斯："修史以何为本？"揭傒斯答道："用人为本，有学问文章而不知道史事的人，不可让他参加；有学问文章知道史事而心术不正的人，不可让他参加。用人之道，又当以心术为本。"揭傒斯对包括贾鲁在内的下属说："想要寻求作史的方法，必须求寻写史的本意。古人作史，虽是小善必录，小恶必记。不这么做，怎么能表示惩劝！"揭傒斯毅然担负起修改文稿的重任，凡政事得失、人材贤否，一律以是非是否公正作为标准，至于存在争论的事情，他一定反复辨论，直到得出十分恰当的结论才结束。

揭傒斯

揭傒斯善诗文，为元诗四大家之一，著有《揭文安公集》。在他的文集中，有几首描述史馆生活的诗歌，一首为《史馆独坐》，诗曰：

地夐天逾近，风高午尚寒。
虚庭松子落，敧槛菊花干。
抚卷俱千古，忧时有万端。
寂寥麟父笔，才薄欲辞官。

史馆在大都城南，里面种有松树、菊花，环境优雅，但这并未缓解包括贾鲁在内众多修史人员的焦虑情绪，以至于揭傒斯感到孤独而打算辞官。

一首为《大驾既幸上都率奎章阁学士院诸生之留京者读书宫南史馆中得大热疾危甚项均子虚视之一药而起为赋五言一首为谢》，诗云：

天台项子虚，乃是列仙俦。
卖药都市中，疑是韩伯休。
欲见不可得，不见忽相求。
神清骨秀耸，苍松倚丹丘。
又如霜空月，下照千丈流。
时有揭子者，卧病城南陬。
驰往施寸匕，大暑生清秋。
人言死复生，仰视行云浮。

长揖互不见，死之生白头。

元朝实行两都巡行制度，每年夏季，元朝皇帝会去往上都（遗址在今内蒙古锡林郭勒盟正蓝旗境内）避暑，天气凉爽后再返回大都。这一年夏天，揭傒斯率领奎章阁书生前往史馆读书，贾鲁曾与他们有所交流。由于天气炎热，揭傒斯得了热疾，向天台道士项子虚寻医问药。史馆中像揭傒斯这样生病的人员不在少数，贾鲁

**小贴士：奎章阁学士院**

天历二年（1329），元文宗立于大都兴圣殿西奎章阁，命令儒臣进献经史之书，考究帝王之治，秩正二品。设大学士四员，正二品，及侍书学士、承制学士、供奉学士、参书、典签、照磨、内掾、授经郎等，多以他官兼领其职。下领群玉内司。元顺帝至元六年（1340）罢。阁内收藏古器物及图书甚多，聚集文人学士，鉴赏文籍，兼备皇帝咨询。现存古代书画，不少曾经奎章阁收藏，钤有“奎章阁宝”“天历之宝”印。

作为太医院主事，除了修史以外，还要负责他们的健康问题。由于修史任务紧迫，揭傒斯后来留宿于史馆内，朝夕之间不敢休息，不幸得了寒疾，七天后去世。《宋史》修成时，由于揭傒斯已经去世，所以欧阳玄的《进宋史表》没有提到他。

除欧阳玄《进宋史表》提到的修史人员外，与贾鲁一起工作的同事还有刘性和葛将。刘性，字粹衷，安福（今江西吉安市）人，元文宗至顺元年（1330）进士，历任旌德县（今安徽旌德县）尹，廉明有威，政化大行。入为翰林应奉，参与修《宋史》。葛将，字子熙，临川（今江西抚州市）人，善于书写。顺帝至成初修辽宋金三史，与善于书写者二十人同被选缮写《宋史》以进，书成南还，后历任武昌路（今湖北武汉市）儒学录。

余阙

贾鲁的同事唐兀人余阙，字廷心，又作天心，世居河西武威（今甘肃武威市），父为官庐州（今安徽合肥市），遂为庐州人。顺帝元统元年（1333）进士，授泗州同知，为政严明。至正十二年（1352），任淮西都元帅府副使、佥都元帅府事，守安庆（今安徽安庆市），次年正月，陈友谅率起义军攻占安庆，余阙自杀。余阙曾回忆他在史馆时与欧阳玄等“诸先辈”讨论萧规的《论朋党书》，其中涉及丁大全、贾似道、陈宜中、秦桧、叶李等人物。余阙力主将萧规写入《宋史》列传，因资料不足而作罢。贾鲁参加科举考试的时间早于余阙，是“诸先辈”之一，贾鲁应该参加了这次讨论。

《宋史》开始编修后，滋溪先生苏天爵，字伯修，真定人（今河北正定县），师从元朝大儒虞集、吴澄、齐履谦，延祐四年（1317）国子学生贡举考试第一，他曾前后三度任职于史馆，参与实录修撰。苏天爵听说朝廷组织编修三史后，曾给欧阳玄写过一篇名为《三史质疑》的书信，他在信中对《宋史》部分提出了宋理宗缺少实录、“陈桥兵变”“宋太祖之死”等史事如何书写、史官如何组织、需要多长时间完成等问题。书信写成后，苏天爵将其寄给了欧阳玄。

在欧阳玄和揭傒斯等人的领导下，贾鲁等史官按照

《三史凡例》改编朝廷从各地搜集来的宋朝历朝实录、日历、国史、会要等史料，搜集这些史料的建议最早是由袁桷提出的。袁桷，字伯长，号清容居士，庆元鄞县（今浙江宁波市鄞州区）人。宋同知枢密院事袁韶的曾孙，曾被举为丽泽书院山长。元成宗大德初年，任翰林国史院检阅官，后来升为应奉翰林文字兼国史院编修官，请求购寻辽、金、宋三史遗书。元英宗至治初年，累迁为侍讲学士。泰定初年，辞归，谥号为文清。著有《清容居士集》《延祐四明志》。袁桷在《修辽金宋史搜访遗书条列事状》一文中，建议朝廷搜集三史史料。脱脱开始主持三史编修后，元顺帝派使臣根据袁桷的这份目录到各地搜集史料。这些史料具体有：宋朝实录以及王禹偁《建隆遗事》、徐梦莘《三朝北盟会编》、李焘《续资治通鉴长编》等史书在改编实录事，袁桷已经注意到宋朝实录中存在记载不实的问题，建议利用《建隆遗事》《三朝北盟会编》《续资治通鉴长编》等史书加以补充，这些成为编写《宋史》本纪部分的基础；《百官公卿表》《宰辅拜罢表录》《百族谱》《麟台故事》《宰辅编年录》等资料，这些成为编写《宋史》诸表的基础；《乐髓新经》《元丰集议》《开宝通礼》

《经济集》《群臣奏议》《三司考》《刑统》《太平寰宇记》《元丰九域志》等资料，这些成为编写《宋史》诸志的基础；宋朝实录中的小传以及《琬琰集》《诸家文集》《涑水纪闻》《邵氏闻见录》《春明退朝录》等资料，这些成为编写《宋史》列传的基础。袁桷去世二十多年后，他的孙子袁瓘得知元顺帝至正初年诏修辽宋金三史时，将自家藏书数千卷进献给朝廷，因而被提拔为秘书监著作佐郎。

**小贴士：翰林国史院**

掌管拟写诏令、纂修国史以及充当咨询。元世祖至元元年（1264），始置，秩正三品，至元八年（1271），升从二品，至元二十年（1284），省并集贤院为翰林国史集贤院，至元二十二年（1285），集贤院分出。元成宗大德九年（1305），升正二品。元仁宗皇庆元年（1312），升从一品。定置承旨六员，从一品；学士二员，正二品；侍读学士二员，从二品；侍讲学士二员，从二品；直学士二员，从三品。属官有待制、修撰、应奉翰林文字、编修官等。

赵翼

清朝史学家赵翼，字云崧，一作耘崧，号瓯北，常州府阳湖县（今江苏常州市）人，乾隆十五年（1750）举人，乾隆二十六年（1761）探花，赐进士及第，授翰林编修，著有《廿二史札记》。他认为：“元修《宋史》，度宗以前多本之宋朝国史。”在元朝史官掌握的宋朝史料中，实录和日历是编年体，国史是纪传体，与正史体裁一致。实录篇幅比国史大，日历篇幅又比实录大，只有国史的篇幅与后来修成的《宋史》相当。按照赵翼的观点，贾鲁等史官利用宋朝国史，只要稍微做些整理工作，不仅符合正史要求，而且能在最短时间内完成工作。

《宋史·河渠志》共为七卷，继承了《史记·河渠书》《汉书·沟洫志》的传统，与同时纂修的《金史·河渠志》，弥补了《后汉书》等史书不设水利专篇的缺陷，并为《元史》《明史》《清史稿》提供了范例。《宋史·河渠志》以十五万多字的篇幅记述了宋朝三百多年间黄河、汴河、洛河、广济河、金水河、白沟河、京畿沟洫、白河、三白渠、邓许诸渠、漳河、滹沱河、御河、塘泺缘边诸水、河北诸水、岷江、东南诸水等河流的治理以及兴修水利的情况。贾鲁在修撰《宋史》时，获悉了宋朝黄河治理的历史、制度、方法等情况，这为他以后治理黄河提供了借鉴。

## 台省迁转

至正五年（1345），元顺帝按照前朝办法，派遣官员分为十二道奉使宣抚，到地方上肃清官场吏治，调整朝廷与百姓的关系，其中，资政院使蛮子、兵部尚书李献出巡燕南山东道。《宋史》修成后，贾鲁被朝廷选为燕南山东道奉使宣抚幕官，成为蛮子和李献的幕僚。贾鲁作为幕僚期间，曾去拜谒岱宗祠，流下了名为《谒岱宗祠诗刻》的诗歌，诗云：

至正乙酉冬，都事长平贾鲁陪希鲁院使伯颜，尚书李献，奉诏省方。今年正月十九日，至奉高，二十有三日，同谒岱宗祠。慨然份祠宇荒凉，宛若故墟，感而成诗，录示洞泉、碧山二炼师一览。

岱宗何崔嵬，群山无与比。使者久尘嚣，望之不胜喜。无缘凌绝顶，诣祠聊致讍。夫何一殿存，千间暴遗圮。人言遭劫火，金源乱兵里。感此废昔年，伤今未能理。飞奏入彤庭，经营良在迩。

经过考核，贾鲁的政绩最为优秀，他升迁为中书省检校官。中书省检校官，为中书省掾属客省使的属官，定额四员，正七品，“掌检校左右司、六部公事程期、文牍稽失之事”。

这时贾鲁发现元朝粮仓制度出现了问题。元朝粮仓按其所在地区及用途，分为在京诸仓，通州河西务和沿河诸仓、迤北诸仓、腹里诸仓、江南诸仓、义仓以及各院、司、府直属的内府供忆仓等七个部分（陕西、四川、云南等地粮仓资料缺）。元朝政府规定粮仓收纳米粮要求颗粒干燥、饱满、干净，制定了比较严密的经营管理制度。元朝沿河仓库资料如下：

| | 仓名 | 贮米数（万石） | 所在路州 | | 仓名 | 贮米数（万石） | 所在路州 |
|---|---|---|---|---|---|---|---|
| 1 | 李二寺 | >10·00 | 大部路漷州 | 7 | 武强 | <5·00 | 真定路深州 |
| 2 | 直沽广通 | >10·00 | 河间路清州 | 8 | 夾马营 | <5·00 | 高唐州 |
| 3 | 馆陶 | >10·00 | 濮州 | 9 | 上口 | <5·00 | 待考 |
| 4 | 旧县 | >10·00 | 河间路沧州 | 10 | 唐宋 | <5·00 | 彰德路 |
| 5 | 陵州 | >10·00 | 河间路陵州 | 11 | 唐村 | <5·00 | 待考 |
| 6 | 傅家池 | >10·00 | 真定路深州 | 12 | 安陵 | <5·00 | 河间路景州 |
| 13 | 秦家渡 | <5·00 | 大名路 | 17 | 四柳村 | <5·00 | 河间路景州 |
| 14 | 尖冢东 | <5·00 | 濮州 | 18 | 淇门 | <5·00 | 大名路滑州 |
| 15 | 尖冢西 | <5·00 | 濮州 | 19 | 伏恩 | <5·00 | 待考 |
| 16 | 长芦 | <5·00 | 河间路沧州 | | | | |
| 总计 | 以平均每仓贮粮4万石计，19仓共可贮粮76·00万石 | | | | | | |

资料来源：王颋《元代粮仓考略》

浙江天台人刘仁本，元顺帝至正十九年（1359）任江浙行省郎中，方国珍通过海上向大都运输粮食，刘仁本实际上负责这件事，他曾说：“国家承平将百年，宽以御众，仁以行法，文恬武熙，张弛之道息，而奸宄愒玩之心生。”到了元朝后期，统治已陷入重重危机之中，著名画家王冕曾写过描述老百姓悲惨生活的诗歌，如《江南妇》云：

## 小贴士：中书省

中统元年（1260）三月，忽必烈在开平即汗位，四月设立中书省，以吏、户、礼合为一部，称左三部；以兵、刑、工合为一部，称右三部。据后来的定制，中书省以皇太子行中书令，设右丞相、左丞相各一员，平章政事四员，右、左丞各一员，参知政事二员。蒙古之俗尚右，故以右丞相、右丞居上。自中书令至参知政事都称为宰执。中书省领吏、户、礼、兵、刑、工六部，各设尚书三员、侍郎二员。元世祖命刘秉忠、许衡参考古今制度，创制中央机构，“其总政务者曰中书省，秉兵柄者曰枢密院，司黜陟者曰御史台”，将行政、军事、监察三权分立。元世祖曾说：“中书朕左手，枢密朕右手，御史台是朕医两手的。”元世祖的这种设置是经过深思熟虑的。中书省直辖地区通称“腹里”，包括山东、山西、河北之地， 管辖二十九路、八州、三属府、九十一属州、三百四十六属县。

江南妇，何辛苦，
敝衣零落裙断腰，赤脚蓬头面如土。
日间力田随夫郎，夜间绩麻不上床。
织麻成布抵官税，力田得米归官仓。
官输未了忧郁腹，门外又闻私债促。
大家揭贴出陈帐，生谷十年还未足。
长儿五岁方离手，小女三周未能走。
社长呼名散户田，下季官盐添两口。
舅姑老病毛骨枯，忍饥忍寒蹲破庐。
残年无物做慈孝，对面冷泪空流珠。
燕赵女儿颜似玉，能拨琵琶调新曲。
珠翠满头金满臂，日日春风嫌酒肉。
五侯七贵争取怜，一笑可得十万钱。
归来重藉锦绣眠，罗帏暖拥沉麝烟。

王冕在《江南妇》中控诉了元朝末年各类管理仓库的官吏想尽办法中饱私囊，致使仓库收纳粮食减少，又给老百姓造成了家破人亡的苦难。有鉴于此，贾鲁上奏折建议说：“十八所河仓，近年来损失官一百三十万

王冕

斛，这一弊端是由于富民兼并土地，贫民流亡，愿该首先勘定田亩的分界，然而事情重大，没有规划完善，不能易进行。”他的奏折共计好几万字，确切地言中了时弊的要害，可惜未被采纳。

此后不久，贾鲁出任监察御史。监察御史，是御史台下属机构察院的官员，定额三十二员，正七品，“司耳目之寄，任刺举之事”。贾鲁第一次建议御史如果有封驳之事，应该专门上奏给皇帝，不应该先让御史台官员表示可否。贾鲁后来升为御史台都事，仍然是正七品，迁为山北辽东道肃政廉访副使，山北辽东道肃政廉访于大宁路（今内蒙古宁城县西）置司，按照御史台制度，“每道廉访使二员，正三品。副使二员，正四品”。贾鲁直到赴任山北辽东道肃政廉访副使，才获得了比较高的职位。

贾鲁又被召为工部郎中，从五品，协助工部尚书、侍郎，“掌天下营造百工之政令。凡城池之修浚，土木之缮葺，材物之给受，工匠之程序，铨注局院司匠之官，悉以任之”。贾鲁在工部郎中任上，将有关工程的十九件事项向上级报告。

### 小贴士：御史台

御史台，元朝监察机构，建于至元五年（1268），“掌纠察百官善恶、政治得失”。最高长官为御史大夫二员，其下为中丞、侍御史、治书侍御史各二员。御史台直属机构有殿中司、察院，还有内八道肃政廉访司。殿中司掌朝仪、殿中纪律及在京百官到任假告等事故。察院置监察御史三十二员，肃政廉访司元初称为提刑按察司，作为地方上的督察机构，肃政廉访司自元代起始被纳入御史台系统，其巡视地区划分为跨路分甚至跨行省的诸“道”，分别隶属于中央御史台或者行台，由此构织成全国范围的垂直监察系统。

# 第三章　实地考察　献策言政

## 治河二策

从金朝初年以来，由于黄河北流已久，导致河道不断淤高。北宋末年开封留守杜充决河阻止金兵南下，泛滥的洪水不但没有阻挡金兵，反而将沿河的百姓淹死，饥荒和瘟疫再一次让黄河沿岸的死亡人口剧增，使得江淮地区变成了人间地狱。杜充决河后，水势向东南较低的地区流动，通过梁山（今山东梁山县）、巨野（今山东巨野县）一带流入泗水入淮。

金朝政府于泰和二年（1202）颁布了关于黄河和海河水系各河流河防修守法规《河防令》，其主要内容有：（1）每年要选派一名旧部官员沿河视察，兼行户工部事，分治都水监，督促地方政府和水利主管机关的官员落实防洪措施；（2）分治都水监可以使用驿站传递防汛情况；（3）州县主管防洪的官员每年从六月初一到八月底要轮流派遣一人上堤防汛；（4）平时即使不是汛期，沿河分管官员也要轮流上堤检查；（5）沿河州县官员防汛的功过都要上报；（6）河桥埽兵夫规定的假期，医疗也有保障；（7）堤防情况要求每月向中央政府上报；（8）如遇情况紧急，要增派夫役上堤，等等。这份《河防令》是目前所能见到最早的系统防洪法令，贾鲁治理黄河也参考了这份法令。

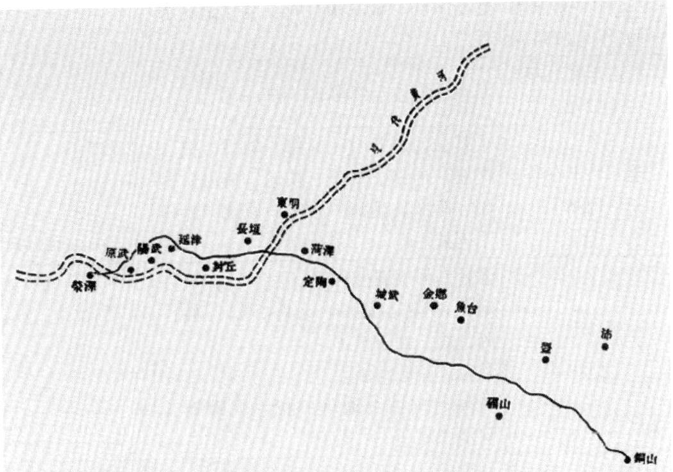


金朝大定二十年后的黄河（《黄河变迁史》）

随着黄河河道逐渐淤高，金末元初时，河势再向西南移动，黄河大体沿颍河、涡河等流入淮河。据岑仲勉《黄河变迁史》考证，元朝时黄河决溢45次，几乎全部集中在孟津以东、徐州以西的黄河中下游地段。至元二十三年（1286）十月，黄河在今河南境内15个地方决口。

元朝河事年表

| 年份 | 河务 | 备考 |
|---|---|---|
| 元太宗六年/宋端平元年（1234） | 赵葵入汴，蒙军决祥符县北寸金淀水灌之。 | |
| 世祖至元九年（1272） | 新乡县广盈仓南河北岸决。 | |
| 至元二十三年（1286） | 十月，河决开封、祥符、陈留、杞、太康、通许、鄢陵、扶沟、洧川、尉氏、阳武、延津、中牟、原武、睢州十五处。 | |
| 至元二十五年（1288） | 五月，河决襄邑。<br>河决汴梁之太康、通许、杞三县，陈、颍二州皆被害。<br>六月，睢阳河溢。<br>考城、陈留、通许、杞、太康五县河溢。 | |
| 至元二十七年（1290） | 六月，河溢太康。<br>十一月，河决祥符义唐湾。 | 太康、通许、陈、颍二州大被其患。 |
| 成宗元贞二年（1296） | 九月，河决杞、封丘、祥符、宁陵、襄邑五县。<br>十月，河决开封县。 | |

续表

| 年份 | 河务 | 备考 |
| --- | --- | --- |
| 大德元年（1297） | 三月，归德、徐州，邳州宿迁、睢宁、鹿邑三县，河南许州临颍、郾城等县，睢州襄邑、太康、扶沟、陈留、开封、杞等县河水大溢。<br>五月，河决汴梁。<br>七月，河决杞县蒲口。 | |
| 大德二年（1298） | 六月，河决蒲口凡九十六所。 | 泛溢汴梁、归德二郡。 |
| 大德八年（1304） | 正月，自荥泽至睢州筑河防十八所。<br>五月，汴梁之祥符、太康，卫辉之获嘉，太原之阳武河溢。 | 是年河决落黎堤。 |
| 大德九年（1305） | 六月，汴梁武阳县思齐口河决。<br>八月，归德府宁陵、陈留、通许、扶沟、太康、杞县河溢。 | 开董盆口，分入巴河以杀其势。 |
| 武宗至大二年（1309） | 七月，河决归德府境，又决封丘。 | |
| 仁宗皇庆元年（1312） | 五月，睢阳河溢。 | |
| 皇庆二年（1313） | 六月，河决陈、亳、睢三州，开封陈留等县。 | |
| 延佑二年（1315） | 六月，河决郑州，坏汜水县治。 | |
| 延祐三年（1316） | 四月，颍州泰和县河溢。<br>六月，河决汴梁。 | |
| 延祐七年（1320） | 六月，河决荥泽塔海庄，又决开封县之苏村及七里寺。<br>是岁，河决原武，浸灌诸县。 | |
| 英宗至治二年（1322） | 正月，仪封县河溢。 | |

续表

| 年份 | 河务 | 备考 |
|---|---|---|
| 泰定帝泰帝元年（1324） | 七月，曹州楚邱县、开封濮阳县河溢。黄河决大清口，从三汊河东南小清河合于淮，自此黄河南入于淮。 | |
| 泰定二年（1325） | 三月，修曹州济阴县河堤。<br>五月，汴梁路十五县河溢。<br>七月，睢州河决。<br>八月，卫辉路汲县河溢。 | |
| 泰定三年（1326） | 二月，归德府属县河决。<br>七月，河决郑州阳武县。<br>十月，河溢汴梁路，乐利堤坏。<br>十二月，亳州河溢。 | |
| 泰定四年（1327） | 五月，睢州河溢。<br>六月，汴梁路河决。<br>八月，汴梁路扶沟、兰阳二县河溢。虞城县河溢。<br>十二月，夏邑县河溢。 | |
| 致和元年（1328） | 三月，河决砀山、虞城二县。 | |
| 文宗天历二年（1329） | 开、滑诸州河溢。 | |
| 至顺元年（1330） | 六月，河决大名路东明、长垣二县。<br>同月，曹州济阴县河决。 | |
| 至顺三年（1332） | 五月，汴梁之睢州、陈州，开封之兰阳、封丘诸县河溢。<br>十月，楚丘县河堤坏。 | |
| 顺帝元统元年（1333） | 五月，阳武县河溢。<br>六月，黄河大溢。 | |
| 元统二年（1334） | 九月，河决济阴。 | |

续表

| 年份 | 河务 | 备考 |
| --- | --- | --- |
| 至元元年（1335） | 河决汴梁封丘县。 | |
| 至元二年（1336） | 五月，黄河复于故道。 | |
| 至元三年（1337） | 七月，汴梁兰阳、尉氏二县，归德府皆河溢。 | |
| 至元四年（1338） | 河决山东、河南、徐州等十五州县。 | |
| 至元五年（1339） | 河决济阴。 | |
| 至正二年（1342） | 九月，归德府睢阳县河患。 | |
| 至正三年（1343） | 五月，河决白茅口。 | |
| 至正四年（1344） | 正月，河决曹州，又决汴梁。<br>五月，河决白茅堤、金堤，曹、濮、济、兖皆被灾。<br>六月，河又北决金堤，并河郡邑济宁、单州、虞城、砀山、金乡、鱼台、丰、沛、定陶、楚丘、武城以至曹州、东明、巨野、郓城、嘉祥、汶上、任城等处，皆罹水患。 | |
| 至正五年（1345） | 七月，河决济阴。 | |
| 至正八年（1348） | 正月，河决，陷济宁路。 | |

续表

| 年份 | 河务 | 备考 |
|---|---|---|
| 至正十一年（1351） | 四月，诏贾鲁开黄河故道，自黄陵冈南达白茅，放于黄固、哈只等口；又自黄陵西至杨青村，合于故道。<br>七月，开河功成，乃议塞决河。<br>十一月，黄河堤成。<br>七月，河决归德府永城县，坏黄陵冈岸。 | |
| 至正十四年（1354） | 河溢金乡、鱼台。 | |
| 至正十六年（1356） | 八月，河决郑州河阴县，官署、民居尽废，遂成中流。 | |
| 至正十九年（1359） | 九月，济州任城县河决。 | |
| 至正二十二年（1363） | 七月，河决范阳县。 | |
| 至正二十三年（1363） | 七月，河决东平寿张县 。 | |
| 至正二十五年（1365） | 七月，东平须城、东阿、平阴三县河决小流口，达于清河。 | |
| 至正二十六年（1366） | 二月，河北徙，上自东明、曹、濮，下及济宁，皆被其害。<br>八月，济宁路黄河溢。 | |

资料来源：岑仲勉《黄河变迁史》

大德元年（1297），黄河在杞县（今河南杞县）的蒲口决口，朝廷派尚文前往视察，尚文在报告里说：“黄河万里西来，水势湍猛，到盟津（今河南省孟津县东北、孟县西南）以后，土地平坦疏松，水流移徙没有规律，失去大禹时的故道，成为我国的祸患，不知道有几千年了。自古以来治河，处理得当的话，那么用工较少而祸患推迟发生；失去时机处理不得当的话，那么用工较多而祸患迅速发生。这时不可修改的定论。从陈留（今河南开封市陈留镇）到睢县（今河南睢县），东西一百多里，南岸旧河口有十一个，二个已经堵塞，六个已经干涸，三个可以通水，岸比水面高达六七尺或四五尺；黄河北岸的堤坝，其水位比田地高三四尺，南岸堤坝高于北岸堤坝约八九尺，一旦黄河决口，只能往北流。”

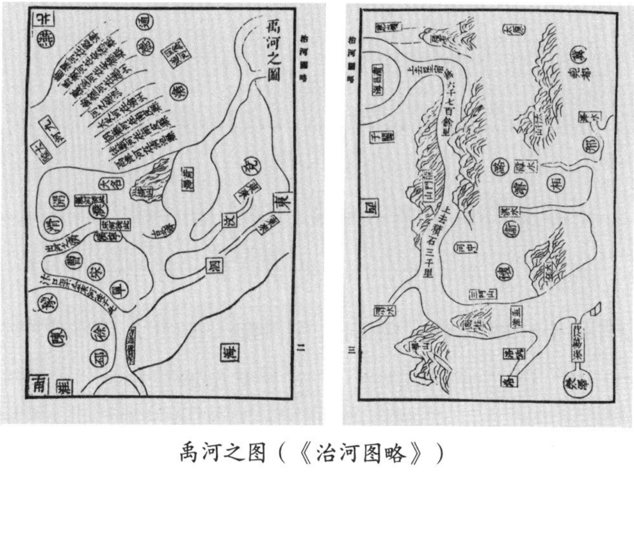


禹河之图（《治河图略》）

### 小贴士：尚文

尚文，字周卿，保定（今河北文安县）人。元世祖至元六年（1269），得到刘秉忠荐，与诸儒制订朝仪。次年，擢右直侍仪使。转司农都事。至元十七年（1280），出守辉州，平反冤狱二起。后历任御史台都事、湖北廉访使、侍御史等职。元成宗大德元年（1297），为河北河南廉访使，黄河在蒲口决口，建言防河之策。大德七年（1303），任中书左丞，赈济浙西、山东灾民，奏请遣十道使者巡行天下，问民疾苦，又奏斥罢江南白云宗。次年，告老归。元武宗、元仁宗时，多次被皇帝召见，访以国事。延祐六年（1319），起为太子詹事。泰定三年（1326），致仕。

元朝政府对河患不重视，任命的水利官员不通业务，虽派人多次治河，结果收益甚微，甚至适得其反。元朝初年，政府曾在怀孟（今河南沁阳市）等处置河渠官，专门管理黄河事务，至元二十八年（1291）废置，将水利事务转归其他部门。至大元年（1308），当地豪强侵占了河南（今河南洛阳市）、归德（今河南商丘市）、汝宁（今河南驻马店市）境内六万余顷的濒河滩地。黄河洛阳至汝宁段的河道宽浅散乱，泥沙严重淤积，河床逐渐升高。豪强将濒河滩地占为耕地，势必造成河床松软，水土流失，一旦遇到洪水，容易淤塞，水无所归，决溢就更加严重。至大三年（1310），河北河南道肃政廉访司的官员就根据黄河中下游的地区的土质和疏导情况就预料到黄河恶性泛滥已经不可避免。

在黄河河患日趋严重的情况下，元朝的有识之士认真总结了历史上的治河经验。真定（今河北正定县）回回人赡思，字得之，祖籍大食（今阿拉伯），早年师从翰林承旨王思廉。元文宗时，任翰林应奉，进呈所撰《帝王心法》，参与修撰《经世大典》，因为论议不合，辞官回家。元顺帝时，赡思历任西台御史、浙西廉访司佥事，平反了很多冤狱。赡思通晓诸经特别是易学、天文、乐律、地理、算数、水利，甚至是外国之书，他曾于至治元年（1321）编写了《河防通议》，成为当时黄河治理者的必读之书。

元朝中期以后，黄河河道进一步淤高了，进而转向东北奔流。元顺帝至正四年（1344）夏五月，由于连着下了二十多天大雨，黄河先在白茅堤（今山东曹县西白

### 小贴士：《河防通议》

《河防通议》：庆历八年（1048），宋朝沈立搜集治河资料，分析古今利弊，撰写了《河防通议》，此书后来失传，建炎二年（1128），周俊《河事集》中转载了部分内容。金朝都水监官员也编修了《河防通议》，分为十五门。赡思（清朝改译为沙克什）根据以上资料，加以整理，改编成今天流传的上、下二卷本《河防通议》，此书内容，除赡思自序外，分为河议、制度、料例、功程、输运、算法六门，记述了河道形势、河防水汛、泥沙土脉、河工结构、材料和计算方法，以及施工、管理等方面的规章制度。此书系统总结了宋、金、元时期河防工程的施工方法与管理经验，成为十三世纪中国治河工程技术的代表作。

茅集一带）决口，六月又在金堤（今山东、河南省界北金堤）决口。元顺帝派泰不华带着珪玉、白马去祭祀河神，祭祀完毕后，泰不华上奏：“在淮安（今江苏淮安市）以东，黄河入海处，应该仿照宋朝设置撩清夫，用辊江龙铁扫，撼荡沙泥，随潮水进入大海。”元朝政府

### 小贴士：泰不华

泰不华，初名达普化，元文宗赐名泰不华，字兼善，出自蒙古伯岳吾氏。元英宗至治元年（1321）蒙古色目右榜进士一甲第一名，授集贤修撰，转秘书监著作郎，出为南台监察御史，劾罢贪暴不法之御史大夫脱欢。元文宗建奎章阁学士院，擢为典籤，迁监察御史。元顺帝初年，历任江浙省左右司郎中、礼部侍郎。至正初年，任绍兴路总管。召入史馆，参与修撰辽、宋、金三史。三史修成，升礼部尚书。至正十一年（1351），出任浙东宣慰使都元帅，分兵温州，与江浙左丞孛罗帖木儿夹攻方国珍。迁任台州路达鲁花赤。至正十二年（1352），率舟师攻击方国珍，战死。

开始采纳了泰不华的建议，但由于屯田事宜所费颇多，此事中途就废止了。

由于财政困难，元朝政府无力组织起大规模堵口复堤工程，导致黄泛区不断向北扩展，大水淹没了黄河沿岸的农田庄稼。在这场灾难中，沿河州县的百姓房屋被淹没，强壮的人都流徙他乡，究竟死了多少人，恐怕是无法统计的。面对这次河患，元顺帝派使臣前去勘验，督促官员访求治河方略，任命贾鲁为行都水监官员。贾鲁到任后，选调技术人员，筹备治河事宜。贾鲁带领技术人员到达黄河泛滥区按照进行实地考察，测量地形，绘制地图，并向当地百姓征求治河建议。贾鲁亲眼看到

**小贴士：都水监**

中统四年（1263），立漕运河渠司。至元二年（1265），改置都水监。七年，隶于大司农司。十三年，并入工部，二十八年，复置，直隶中书省。秩从三品。设太监、少监、监丞等官。其后为修浚会通河和建闸，增设官员，铸分监印佩之，专职巡视、督工，兼提点黄河事。至大三年（1310），因黄河决溢，连年为害，中书省命都水分监官专治河患，置汴梁分监。延祐元年（1314），再以都水监隶大司农司;七年，复改隶中书省。至正六年（1346），以连年黄河决堤泛滥，置河南山东都水监，专责疏塞。八年，又于济宁路郓城立行都水监，以贾鲁行都水监事，考察河患，三年后开始大规模治河。

由于黄河泛滥导致百姓生灵涂炭的惨状，他既为百姓哭泣又为国家担忧。贾鲁在经过往返数千里的调查和研究后，制作地图并向朝廷提出了治河二策。

贾鲁的治河二策，其第一策："建议修筑黄河北岸堤防，以控制河水横向破堤而出，则所用工时较省。"贾鲁考虑到朝廷大臣反对的压力和元朝政府有限的财力，提出此策是为了确保漕运和盐场的安全。修筑北堤用工虽省，然而山东境内的积水问题非一朝一夕能够解决。古代山东西南一带原有许多湖泊，千百年来已被黄河泥沙淤平，特别是金初黄河改道后，原来湖泊低洼之地被开垦成耕地，如著名的梁山泊在宋朝时绵亘一百多公里，到了元朝，其湖泊面积日益缩小，因而在黄河的北河地域内，湖泊已经失去水系调节功能。至正九年（1349）五月，"黄河从白茅向东流经沛县（今江苏沛县），浸没了巨大的区域"，黄河河水向北溢出后，位于今黄河下游下段的运河和大清河泄洪能力很弱，洪水只能停留在沛县周围地段，形成巨浸，再慢慢的北浸，蔓延面积大，受灾地区广。所以，修筑北堤只能起暂时阻止河水继续灌入运河的作用，运河和大清河泄洪的过程还是很缓慢的，解除灾情不是短期可以达到的。如果黄河中下游再遇到特大洪水，新筑的北堤仍有被冲决的危险，那时的灾情恐怕更加难以控制。

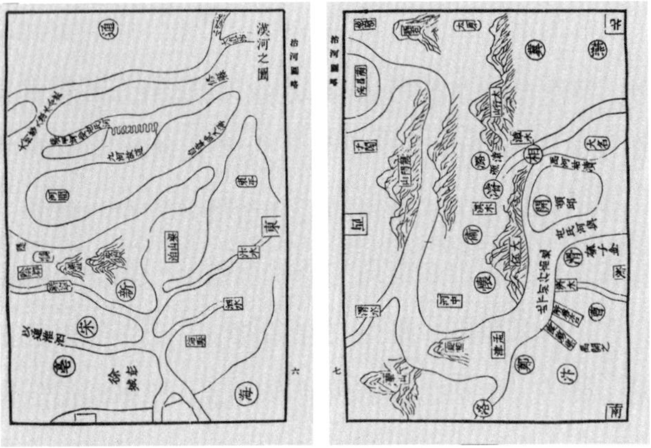

汉河之图（《治河图略》）

其第二策：“建议疏浚堵塞同时进行，引导河水向东而行，使之恢复故道，这样功效就会增加好几倍。”黄河自宋高宗建炎二年（1128）杜充决堤，河水由泗入淮，到至正十一年（1351）已经过了223年，黄河北流的局面已经基本结束。由于以往千百年来的泥淤和黄河南流后北河水量的锐减，北河的排洪能力大大降低，如果将黄河改道北流，其功不是数倍，费时不是数月，而是几十倍几十年的问题。黄河向南改

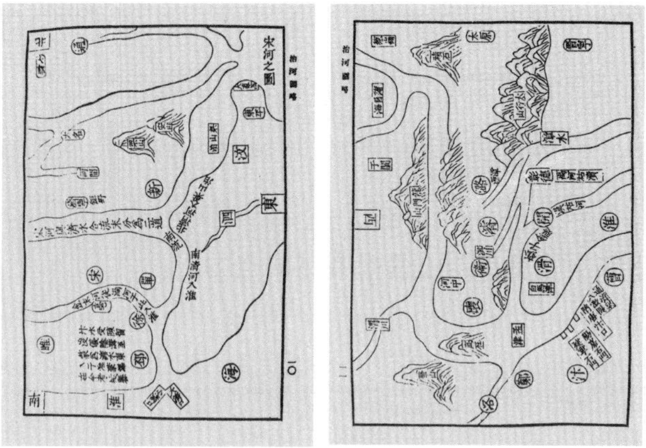

宋河之图（《治河图略》）

道虽然存在类似问题，但在当时情况下，淮河的泄洪能力显然比大清河强。元朝时黄河几次大决口，问题主要出在汴梁至邳州段，主流多在此间南北摆动，如果能抓住这一要害实施治河工程，在这一范围内疏通加深河床，引水东流，既能把积于山东的洪水放归黄河，又能确保运河和盐场的安全，这是在当时历史条件和科技水平下最有效的方案。贾鲁将黄河勒回故道后，后人曾多有批评。其实，这些批评者对当时的河道变迁及水文条件了解有限。

就在河决白茅堤之后，朝廷访求治河方略之时，有一位至今生平事迹不详，显然不是名士高宦的王喜，呈上了《治河图略》一书：“向南疏浚黄河流入淮水旧河，用来顺流黄河水势，仍然在北面疏导一条新河，用来分流黄河水势。黄河分流后，其水流自然缓慢，没有泛滥的祸患了。”在疏通故道、由淮入海的主张上，贾鲁与王喜是有共同点的。

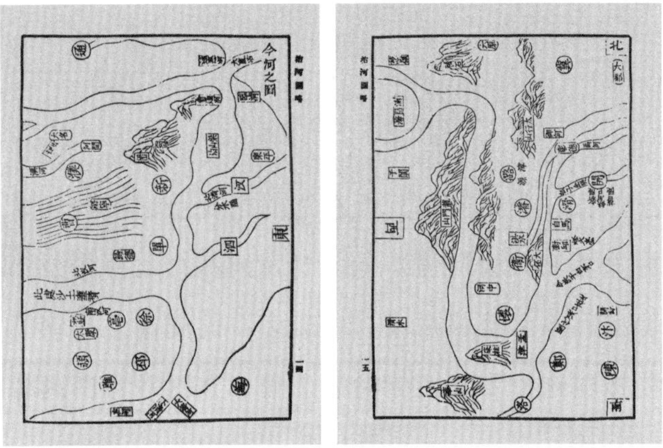


今河之图（《治河图略》）

贾鲁提出的治河二策，第一策突出了“省”字，这一策显然是针对元朝财力而言的，因为伯颜当权后滥发纸币，造成了通货膨胀，再加上黄河泛滥，豪强兼并土地，农民流离失所，各地起义连绵不断，导致社会供给严重减少，纸币一再贬值，几乎变成废纸。在这种情况下，贾鲁要促使政府组织大规模治河工程就必须要突出省钱。为此，贾鲁根据当时黄河已经形成多支分流的实际情况，提出了这套维持漕运和盐场安全的临时方案。贾鲁提出的第二策，突出了“功”字，这是他认为可以治本的方案。黄河夺泗入淮后，沿岸修筑的工程到处都是，元朝的经济大动脉京杭大运河也是基于黄河河道规划和兴建的。如果将黄河挽回这条河道，以前修筑的工程和京杭大运河都能继续发挥作用。这时贾鲁调任右司郎中，他提出的治河二策，经过朝廷讨论，并没有达成一致。

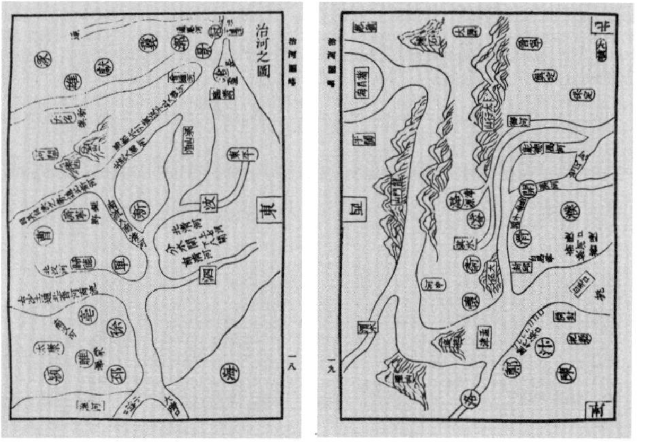


治河之图（《治河图略》）

# 漕运八事

大都在辽朝南京、金朝中都的基础上，发展为全国的政治中心，其城市功能及辐射能力空前增大。大都凭借特殊的地理位置和畅达四方的水陆通道，沟通了南北两大经济区，进而联结欧亚，“东面到达大海，西面超过昆仑，南面的尽头是交州和广州，北面抵达穷发，凡是能够通行舟船和车辆的地方，珍宝和货物全运来了”，成为一个国际性大都市。大都离江南极远，政府各部门、军队、城市居民的日常供应，无不仰仗于江南。为解决粮食供给问题，至元三十年（1293），元朝政府改造隋唐时代的旧运河，新的大运河全线贯通，在此之前，贯穿胶州湾与莱州湾的胶莱河也开通试行。同时，元朝政府开辟的从江苏刘家港入海北上至界河口（今天津大沽）的海上运输，也全线通航。

元代的经济重心在江南，当时意大利著名旅行家马可·波罗从苏州南行，进入杭嘉湖平原，用“商业繁盛”“皆良商贾与良工匠”“恃工商为活”之类的

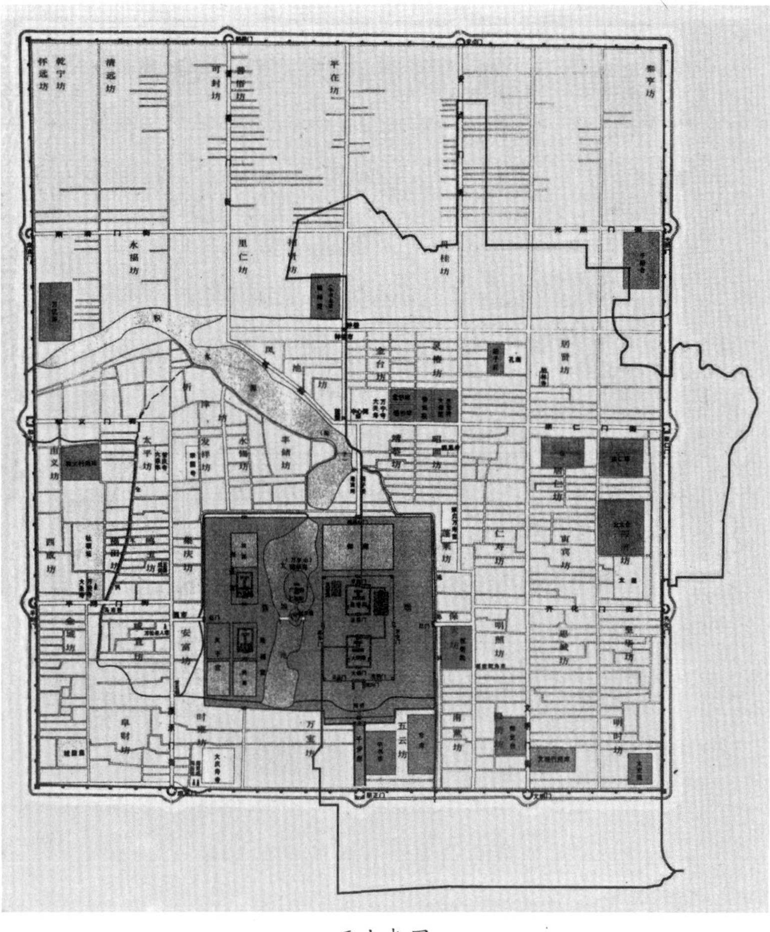

元大都图

字句，表述沿途所见城镇的观感，这种情形，与经行中国境内其他地区的感受是决然不一样的。江浙、湖

马可·波罗

广等地每年通过京杭大运河以及海道北上的粮食达到五百万石左右，这些漕粮主要供应大都居民的消费，并不时赈济北方牧区。元朝诗人宋沂写过一首名为《送逯都水赴海运万户》的诗歌，描写了朝臣从江南向北京运粮时的精神风貌，诗云：

都水使者日边来，黄金虎符照漕台。
笑持英荡入沧海，不比徐福求蓬莱。
将军昔骑青骢马，风采桓桓丹阙下。
紫髯如戟半成霜，议论精神更潇洒。
今年运米发东吴，三百万石皆明珠。
扬旗列戟耀云汉，伐鼓鸣金转舳舻。
将军尚文今尚武，何物鲸鲵敢予侮。
欃枪荡灭凋瘵平，报政归来奏明主。

元朝政府对江南地区非常重视，经常派官员巡视京杭运河。道园先生虞集，字伯生，祖籍成都仁寿（今四川眉山仁寿县），临川崇仁（今江西抚州崇仁县），他是虞允文五世孙，师从著名理学家吴澄。元仁宗时，任太常博士、翰林待制。泰定初，授国子司业、迁秘书少监，后升翰林直学士，兼

虞集

国子祭酒。元文宗时，任奎章阁侍书学士，受命与中书平章赵世延等人修纂《经世大典》。虞集写过一首名为《送张兵部巡视运河》的诗歌，诗云：

画桥冰泮动龙舟，鸭绿粼粼出御沟。
使者旌旗穿柳过，人家凫雁傍溪浮。
桃花吹雨春牵缆，江水平堤夜唱筹。
应有余波方浩荡，不令归楫恨淹留。

到了元朝中期，漕运体制已经弊端丛生。河运方面，由于黄河决口频发，京杭大运河运输受到严重影

响，胶莱运河运输自至元二十一年（1284）暂时停止，自海运新航道开辟后，京杭大运河及其他内河的运输已经退居次要地位；海运方面，元朝政府为确保漕粮海运的稳定运行，将海运民众编入独立的户籍，名为海船户，元朝政府常令海船户在不适宜的季节冒着生命危险出海运粮，政府给海船户的待遇却是极低，造成了严重的社会问题；漕运管理方面，漕运衙门和地方政府在分配漕运管理权时出现矛盾，权势、富商为了盈利，常以四五百料大船驶入运河导致交通阻塞，以至于元仁宗时政府曾下令将大船限制为二百料以下、梁头阔八点五尺以下，以解决运河运输堵塞问题。元朝诗人赵叔英家境孤寒寓居大都，担任过转运使属官等低级官员，至正年间，他为自己参与漕运的经历写过一首名为《运粮行》的诗歌，揭露元朝漕运体制弊端给百姓带来的苦难，诗云：

去年调漕卒，十月至胶右。
编户有路平，齿迫期颐寿。
龙钟双泪垂，殷勤酌予酒。
举觞诉所怀，我苦君知否。

今秋陷官粮，征督被捶杻。
将解子孙危，磬悬无所有。
周思百计穷，拆屋卖田亩。
才塞县衙责，役丁随见取。
岁宴趋严程，何以装备糗。
男女相视啼，聚谋举家走。
彷徨无奈何，中心惝焚炙。
向儿哀恳留，吾老岂能久。
狐死犹首丘，忍弃坟垄旧。
缓我藏土中，任尔逋岩薮。
余闻长太息，沉思但低首。
吁嗟绊冗职，时命亦不偶。
何人积此弊，使我罹其咎。
历观所部民，十中贫八九。
黠者窜远荒，来者见忠厚。
牛马皮骨存，黾勉尚驰负。
细推疲瘵因，事理岂为苟。
海漕三百万，与昔数非丑。
物力耗于初，运数而限趣。
侥幸因此生，刑辟日纷纠。

且救眼前急，不虞身后疚。
因为贪墨者，乘机肆渔狻。
民瘼聋天听，漕政择良守。
疾势已膏肓，须烦起死手。
久旱渴云霓，新政仰星斗。
弦急必更张，行当掣时肘。
切虑少因循，苍生遂刍狗。
虽有智者谋，不能善其后。
王良古善御，驱策戒顿陡。
调良性与力，至远而深輮。
不强人所难，治迹自可就。
皋夔居庙廊，至言悉听受。
启沃信非遥，下情通冕黈。
精诚感天地，翙遇圣神后。
民命庶少苏，天爵亦阴受。
万家获义安，德勋传不朽。
故书运粮行，非图会人口。

贾鲁出任都漕运使（正三品）后，针对漕运体制出现的弊端，他向朝廷提出了二十条建议，其中八条建议被朝廷采纳。这八条建议是：（1）在大都附近实行以议价强制征购粮食；（2）从优抚恤漕运司原来管辖的漕户；（3）连续委任官员；（4）通州总治所预先拟定委任官员；（5）解决坝夫困扰船夫和坝户破坏海运的问题；（6）疏浚运河；（7）临清运粮万户府应当隶属于漕运司；（8）宣忠船户交给本司节制。

### 小贴士：都漕运使司

都漕运使司，属中书省户部，掌御河上下至直沽、河西务、李二寺、通州等处粮斛运输。世祖至元二十四年（1287），自京畿运司分出，于河西务置总司，分司临清。秩正三品，领以运使二员，下设同知、副使、运判等官。辖河西务十四仓、通州十三仓、河仓十七，以及直沽广通仓，共四十五所，纲（编船三十只为一纲）三十。

# 第四章　重申二策　督治黄河

## 治河辩论

至正四年（1344），“河决白茅堤，又决金堤，方数千里，民被其患，五年不能塞”。五年时间里，政府没有对黄河采取治理措施，河水向北淹过安山（今山东东平县西南），流入会通河，在济南（今山东济南市）、河间（今河北河间市）之间蔓延，严重威胁会通河运输的安全。会通河是至元二十六年（1289）凿通的，起自东平路须城县（今山东东平县）西南的安山，经寿张（今山东阳谷县）西北至东昌路（今山东聊城市），又西北至临清（今山东临清市），建闸门31道，达于御河，全长250余里。大都居民所需要的粮食和诸多生活用品、南方贡品，包括丝绸、奢侈品等多半是通过京杭大运河运来的。至正八年（1348）方国珍在浙东起兵，海运受到威胁后，元朝政府对河运更加倚重，如果河运中断，势必影响大都居民的生存和社会秩序的稳定。

### 小贴士：方国珍

方国珍，元末明初黄岩（今浙江台州）人。世代以贩盐航海为业。元顺帝至正八年（1348），与兄弟入海，聚众数千人，夺取海运官粮、运船，攻打浙东沿海一带，同年，接受元朝招降。后来屡次投降屡次反叛，以求高官，累升为元朝海盗运粮万户，江浙行省参政、左丞、平章、左丞相。占据温州（今浙江温州市）、台州（今浙江台州市）、庆元（今浙江宁波市）三路六州十一县长达十余年，多次为元廷海运漕粮。至正二十七年（1367），投降朱元璋。明初，授广西行省左丞衔，后病死于应天（今江苏南京市）。

元朝刚建立时，仿照宋朝折中法，用粮食换盐引，后来又改为现钱，按盐引收，再凭盐引到产盐地支盐，形成了专卖制度。中统四年（1263），由于盐场附近私盐泛滥，人们大量偷漏盐税，政府模仿南宋办法，实行

杨维桢

按人口配给盐的制度，称为“食盐法”。根据这项制度，由商人买引，再到产盐地支盐，运销各地。按户配盐，造成了商人垄断牟取暴利。元顺帝时，由于纸币贬值，政府征收盐税都使用现钱，盐引的价格虽不断抬高，但实际购买力低了，政府只得将盐税的十分之一折合成白银交纳。政府对百姓征敛无度，百姓生活越来越困难。铁崖先生杨维桢，绍兴路诸暨州（今浙江诸暨市）人，泰定四年（1327）进士，所写古乐府诗，既婉丽动人，又雄迈自然，后人称为“铁崖体”。他曾写了一首名为《盐商行》的诗歌，揭露元朝末年盐税制度的弊端，诗云：

人生不愿万户侯，但愿盐利淮西头。
人生不愿万金宅，但愿盐商千料舶。
大农课盐析秋毫，凡民不敢争锥刀。
盐商本是贱家子，独与王家埒富豪。

亭丁焦头烧海榷，盐商洗手筹运握。
大席一囊三百斤，漕津牛马千蹄角。
司纲改法开新河，盐商添刀莫谁何。
大艘钲鼓顺流下，检制孰敢悬官铊。
吁嗟海王不爱宝，夷吾筴之成伯道。
如何后世严立法，只与盐商成富媪。
鲁中绮，蜀中罗，以盐起家数不多。
只今谁补货殖传，绮罗往往甲州县。

济南、河间两路被淹，势必危及当地的盐场，河间路境内的盐场属大都河间盐运司，济南、般阳等路境内的盐场属山东盐运司。大都河间路盐运司共辖二十二个盐场，其中在河间路的盐场达十六个，多分布于运河两岸，大都河间路盐运司盐产量在至正年间约为三十余万引；山东盐运司总共辖十九个盐场，多分布于大清河两岸，山东盐运司盐产量在元末时约为二十余万引。黄河从济宁（今山东济宁市）决口，水势北上后，河间盐运司的产量已经明显下降。这种趋势如果继续发展下去，元代财政收入将急遽减少。盐税是元朝中央政府最大的财政收入，天历以来已占政府总收入的80%，河间、山东两盐运司的盐产量约占全国总产量的36%。如果河水冲毁这两个盐运司的盐场，元朝政府将陷入严重的财政危机。

古代制盐图

至正九年（1349），脱脱恢复中书右丞相，想要亲自负责治河之事，遂向元顺帝进言，获得了元顺帝的赞许。脱脱召集众大臣一起商议，每个人说的都不一样。只有当时任都漕运使的贾鲁说：“黄河必须得到治理。”贾鲁将以前提出的治河二策再次呈上。脱脱最后决定采取第二策，并与贾鲁确定方案。脱脱要把治理工程交给贾鲁，贾鲁本来是想推辞的，脱脱说：“这件事非你不可。”脱脱将此策上奏给元顺帝，并推荐贾鲁，十分符合元顺帝的旨意。贾鲁由于曾是脱脱的老部下，工作能力十分突出，二人开始了第二次合作。

曾与贾鲁同在《宋史》局工作的余阙说：“南方的土地本来就高于北方，所以黄河向南迁徙也很困难，黄河向北迁徙却很容易。自宋朝南渡至今大概二百年了，而黄河回环向北流，是由其水势决定的。”至正十一年（1351）春，在贾鲁治河的前夕，工部尚书成遵与大司农秃鲁，“从济宁（今山东济宁市）、曹（今山东曹县）、濮（今河南濮阳市）、汴梁（今河南开封市）、大名（今河北大名市）出发，走了好几千里，挖掘水井用以测量地形的高下，测量河岸用以穷尽水势的浅深，遍阅史籍，博采舆论，认为黄河的故道，不可能得以恢复，其议论有八条”。他们二人向脱脱提出反对意见，并且说：“济宁、曹、郓（今山东郓城县），连年发生饥荒，民不聊生，如果有二万人在此地啸聚，恐怕以后的忧虑，又有比治理河患更重的事。”成遵从维持社会稳定的角度考虑河患问题，不赞成治理黄河。

### 小贴士：成遵

成遵，字谊叔，南阳穰县（今河南邓县东南）人。元文宗至顺二年（1331），来到大都，成为国子生。元顺帝元统元年（1333）进士，授翰林国史院编修官。次年，参与修泰定、明宗、文宗实录。至元四年（1338），升翰林应奉。至正三年（1345），出为陕西行省员外郎，以母亲生病辞归。至正八年（1348），授礼部郎中，奉使山东、淮北察守令贤否。至正九年（1349），擢太常博士。至正十年（1350），任监察御史，言事、举劾凡七十余事，指摘时弊，执政者恶之。至正十一年（1351），因与脱脱、贾鲁治河议论不合，出为大都、河间等处都转运盐使。后历任武昌路总、参议中书省事、中书参政、御史中丞、中书左丞。至正十九年（1359），被诬下狱，死于狱中。至正二十四年（1364），获得昭雪。

面对群臣的不同意见，脱脱慨然以天下为己任，出告群臣说：“皇帝正在为百姓担忧，作为大臣，有责任为皇帝分忧。但是事情总有难以处理的，就像疾病有难以治愈的，自古以来河患就是难治的疾病，现在我一定要去除这个顽疾。”脱脱把治河比作替国家治病，明知黄河难以治理，也明知要冒着巨大风险，但还是去除国家的弊病。脱脱深知如果黄河不加以治理，沿岸百姓的苦难就越深重，因此会导致严重的社会问题。脱脱和贾鲁都是把治河当作维护社会稳定的重要手段来认识的。

## 工程实施

至正十一年（1351）四月，元顺帝任命贾鲁以工部尚书的身份担任总治河防使，进阶二品，授予银印。两年之内，贾鲁从七品的低级官员很快升到了正二品的高级官员，这离不开脱脱的大力支持。政府发派汴梁（今河南开封市）、大名（今河北大名县）等十三路百姓十五万人，庐州（今安徽合肥市）等卫戍地区的十八翼军队士兵两万人参加施工，一切参加工程的大小军民都受贾鲁指挥，贾鲁可以自己作主兴建工程。四月二十二日，治河工程正式开始，七月完成疏凿工程，八月二十九日河水放入故道，九月舟楫通行，堵口工程开始，至十一月十一日，完成水土工程，建成诸埽堵堤。

治河工程共计一百九十天。

此役后，黄河回到原来的河道，向南汇入淮河，再向东流入大海。元顺帝派贵臣祭祀河伯，召贾鲁返回大都，贾鲁献《河平图》于元顺帝。元顺帝破格授予贾鲁荣禄大夫、集贤大学士，赠封贾鲁的三代祖先，将其事迹交付史馆。元顺帝赐予丞相脱脱世袭答剌罕之号，特命翰林学士承旨欧阳玄撰写《河平碑》，表彰治河者的辛劳业绩。

**小贴士：答剌罕**

答剌罕，元朝特权封号，源于突厥语，义为“自在”。元太祖封授于已有功者为答剌罕，许九次犯罪不罚，自由选择牧地，战争俘获及猎获物尽为已有，并给予某些礼仪优遇。此号可世袭，享有特权，免除一般封臣赋役义务。元代，某些蒙古、色目权贵得此封号。

欧阳玄写成《河平碑》，认为司马迁、班固记载河渠沟洫，仅记载治水的道理，不谈治水的方法，使后代负责水利事务的人没有可供考察的依据，于是欧阳玄找到贾鲁访求询问治水的方针大略，又询问过往客人，对证公文，撰写《至正河防记》，目的是使后代遭受黄河水患的人从中找到治水的方法。

根据《至正河防记》，贾鲁的治河方法有疏导、浚深、填塞三种，疏通是疏导河流，把水引走；浚深是挖走淤泥，借此使河道加深；填塞是拦阻河水狂流，进而堵住水势。由于河道的情况有高有低、有宽有狭，必须根据生地、故道、河身、减水河四种实际情况采取不同的疏、浚方法。贾鲁治河修建的大堤有新筑、修筑、补筑的名目，堤坝有刺水堤、截河堤、护岸堤、缕水堤和石船堤。贾鲁治河建造的埽有岸埽、水埽，有龙尾、栏头、马头等类型的埽，以及建埽所用的土、石、铁、草、木、小椿、绳索一类材料和推卷、牵制、埋挂的方法。贾鲁治河填塞的河道有缺口、豁口和龙口，缺口指已经溃决成河；豁口指以前常被水冲开，水退后豁口位于堤的下方，水一涨就从豁口溢出来；龙口指河水交汇之处，从新河流入故道的交汇处。

### 小贴士：生地、故道、河身、减水河

生地是新开河道，可以开直线或弯曲河道，根据地形及与故道相接的形式来决定，使流水方向利于行洪。故道是将河底高低均匀，河底有高有低，削平高处以趋近低处，高低相近使高处不致水流不畅，低处不致积水难泄，这是考虑到水流受阻不畅就会发生溃决，稍存难泄就会发生堵留。河身是将河道宽窄均匀，河水虽然通行，但河道有宽有窄，河道窄则难以容纳水量，使水势更加狂猛，所以对窄的地方要设法拓宽；河道宽则难以横筑堤岸，堤岸容易崩塌，所以对宽的地方要设法防范。减水河是通过在洪水汇集处新开河道将洪水分流，令水无拘束横流则用来制止其泛滥，水流奔腾冲毁则用来减缓其水势。

贾鲁在疏浚工程中采用的生地有：（1）从黄陵冈到南白茅，长10里，河道初入口水段，宽180步，深2丈2尺，以下一停宽100步，高低不等，相互折算深2丈见水（“停”“折”是用古代算法）；（2）从专固到黄固，长8里，河面宽100步底宽90步，高低处相互折算，深1丈5尺；（3）凹里村溃决河口，长3里40步，上宽60步，

底宽40步，深1丈4尺，长3里40步；（4）张赞店到杨青村，长13里60步，宽60步，底宽40步，深1丈4尺。

贾鲁在疏浚工程中采用的故道有：（1）南白茅至刘庄村，长10里，总折算拓宽80步，深9尺；（2）刘庄村至专固，长102里280步，总折算停宽60步，深5尺；（3）黄固至哈只口，长51里80步，互相折算停拓宽60步，深5尺。

贾鲁在疏浚工程中采用的河身有：从凹里生地以下的旧河身到张赞店，长82里54步。上段36里，拓宽20步，深5尺；中段35里，拓宽28步，深5尺；下段10里240步，拓宽26步，深5尺。

贾鲁在疏浚工程未新开减水河，只是深浚凹里的减水河，共长98里154步。原减水河末端即是白茅决口处，减水河起到的作用是在上游杨青村处减水，在决口处改善水流方向。

贾鲁率人填塞了专固的缺口，修建三道堤坝，补筑了凹里减水河南岸的豁口，共长20里317步。新筑河口前面筑第一道西堤，南北长330步，上宽25步，底宽33步；筑第二道正堤，并补筑两端的旧堤，共长11里300步，缺口正堤长4里，两道堤连接旧堤；筑第三道东后堤，补筑凹里减水河南岸的豁口四处，长47步。

贾鲁率人填塞了黄陵全河，在水中和岸上修筑大堤长36里136步。修刺水大堤两道，长14里70步。在西面又筑刺水大堤一道，长12里130步。其中新筑岸上土堤，西北起于李八宅西堤，东南到旧河岸，长10里150步，顶宽4步，底宽三倍于此，高1丈5尺。还修筑旧河岸到入水的大堤，长430步，底宽30步，顶宽减少底宽的六分之一，连接修筑入水。

堵塞白茅决口，将黄河勒回故道，是决定治河成败的关键一役。贾鲁治河之前，白茅堤已是千疮百孔。这时正值秋涨汛期，贾鲁在白茅决口门西侧的北岸筑刺水堤二道，总长26里200步，用来将水流挑向疏浚的正河，减轻白茅决口处的水流强度。贾鲁又从决口两岸创筑了北截河堤和南截河堤，北截河堤长10里41步，南截河堤长9里160步，总长19里177步。刺水堤及截河大堤筑得较短，贾鲁在南岸修建三道马头埽保护截河堤，在白茅口北岸截河堤和西、中刺水堤之间创筑了缕水堤，加强挑水拦水的作用。

贾鲁命人在两岸同时修造埽堤。沈括在《梦溪笔谈》中说：“凡塞河决，垂合，中间一埽，谓之合龙

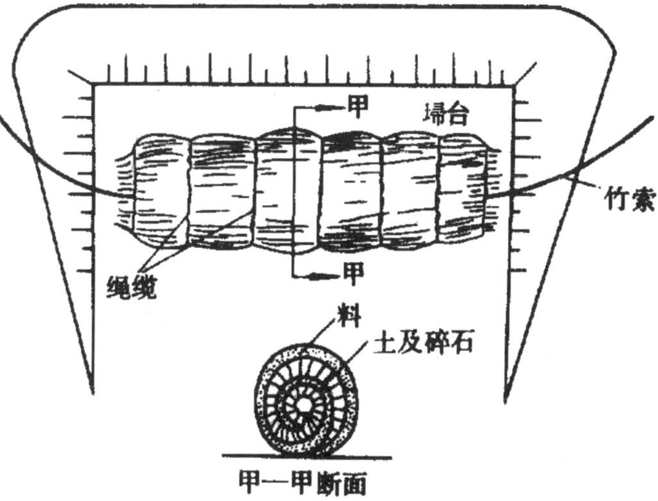


中国古代埽工技术

门。”宋元时期，埽工技术走向成熟，成为黄河堵口和护岸的主要工程形式。贾鲁治河时，从（今宁夏灵武市）调来西夏役夫负责建造西埽，从京城附近征调来汉人役夫负责建造西埽。其方法是：役夫把小石块装入竹笼，每道埽用量不一；役夫将蒲苇绵腰索纵向铺展，再将拽埽索绳横向铺展；役夫在相间处又用竹、苇、麻制成大索，将长三百尺的作为管心索，把腰索的索端系在上面；役夫把数千束、多至上万束茅草铺在绵腰索上，用大小推梯推卷成埽，埽的高低长短不等，大的高2丈，小的不下1丈多，然后转运到河边，慢慢的用管心索把埽悬送下水。役夫在西埽、东埽之间放置竹笼，在上面用茅草、黄土等物建造埽台，使所所有下水的埽能制约上下，细密坚固，互为掎角之势，最后修成大堤，分减水势。

中国古代埽坝场景模拟

黄河决口的河水势头很大，南北宽四百余步，中流水深三丈多，加上秋水上涨，水量大于旧河十分之八。两条河竞相奔泄，流到旧河口附近，冲刷着河岸向北流去，水势迅猛，洄漩激荡，很难往水中下埽。贾鲁所下的埽台，不但没有挡住黄河决口，还有被越来越急的水冲走的危险，这会造成旧河淤塞，使得治河工程前功尽弃。经过深思熟虑，贾鲁想出了“石船堤障水法”。这个办法是先逆流排27艘大船，前后连以大桅或长桩，用大麻绳、竹絙绑扎在一起，于上流放入水中；又用长达七八百尺的竹絙系在两岸的木桩上，使船不会顺流而下，用竹编成笆笼，装上草石，用竹絙、巨索、合子板连在一起，并用铁锚、绳索将其固定在水中；然后选水性好的民工，每条船上两个人，执斧凿，站在船头和船尾，以岸上击鼓声为号，同时开凿，用沉船阻塞决河口。沉船间的缝隙根据实际情况用小埽、土牛、石块、草土等物填塞，这样就形成了坚固而密闭的石船堤。石船堤加长了挑水的长度，减轻了刺子堤洄漩湍激的水流对龙口造成的威胁。由于水势过大，堵口合龙极其惊险，贾鲁在合龙工程中镇定从容的指挥十余万人扎帮、运埽、叠埽，在十一月十一日终于使龙口堵合，黄河故道得以复通。贾鲁的石船堤障水法取得了完全的成功，为后世治河提供了经验参考。

贾鲁命人在埽堤后面的南岸再修一道长270步的河堤，抵达已经闭合的龙口，用四道船堤构成大堤，避免夏秋的洪水和冬春的冰排毁坏堤岸；在南岸修筑护堤埽一道，护岸马头埽三道；在北岸修筑堤防，总长254里71步。贾鲁命人在白茅河口到板城之间补筑旧堤，长25里285步；从曹州板城到英贤村等处，修治旧堤，长133里200步；从稍冈到砀山县，增高培厚旧堤，长85里20步；从归德府哈只口到徐州路300余里，修补缺口107处，累计修治3里256步；修筑亦思刺店缕水月堤，长6里30步。

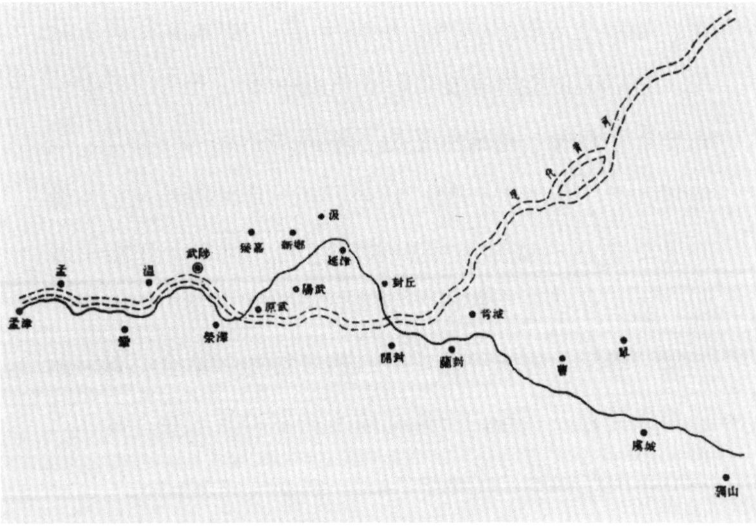


贾鲁治河的故道（《黄河变迁史》）

贾鲁治河所用物资总计，大木椿是二万七千根，榆柳杂木是六十六万六千根，连枝带根的整株树是三千六百棵，秫秸、蒲草、芦苇、杂草按捆计算是七百三十三万五千余捆，竹竿是六十二万五千根，苇席是十七万二千领，小石块是二千船，大小不一的绳索共五万七千条。所沉大船是一百二十艘，缆绳是三十二条，三百三十四副，竹篾按斤计算是十五万斤，沉石是三千块，铁钻是一万四千二百余根，大钉是三万三千二百三十一颗。其余如木龙、蚕椽木、麦秸、扶椿、叉、铁吊、枝麻、搭火、汲水器、贮水器等工具都有相当数量。官吏的薪俸、士兵役夫的衣服口粮工钱，医药、祭祀、救济、抚恤、驿站的马匹车辆以及运竹木、沉船、渡船、下椿等工，铁、石、竹、木、绳索等工匠的工钱，加上官府买民地开河，以及各类杂物的费用，总计中统钞一百八十四万五千六百三十六锭多。

贾鲁不久被任命为中书左丞，他对这次治河工程做过总结，他说，水工的工程，比土工工程困难；中流的工程，比河滨的工程困难；溃决河口的工程又比中流的工程困难；北岸的工程比南岸的工程困难。所有物资的功效，茅草虽然最为柔软，但柔软可以浸于水，水浸泡草能积聚淤泥，泥和草合在一起，产生的力量就和系船的石墩一样大。然而维系左右埽堤保证工程成功，缆索的功用实在是最多的。欧阳玄认为治河工程能够成功有三个原因，一是朝廷支持，准备资金，许以高官重爵，为民除害；二是丞相脱脱能察皇帝的思想，不怕操心受累，不顾毫无根据的议论，为国家拯救百姓；三是贾鲁能献出全部心力智慧，凭着精力充沛胆识过人，不惜劳苦，不怕讽刺打击，来报答皇帝、丞相知人的睿智明见。

贾鲁治河虽然取得了成功，但他并未彻底解决黄河带来的祸患。萨都剌，字天锡，号直斋，其祖先随蒙古大军东来，祖父与父亲定居于雁门（今山西代县），遂为雁门人。泰定四年（1327）进士，授镇江录事司达鲁花赤。后来历任江南行御史台掾，燕南廉访司照磨、经历。善写诗词，著有《雁门集》，其词艺术成就甚高，多豪迈清新之作，其诗作颇多描写人民苦难，揭露统治阶级奢侈淫逸。至正十年（1350），也就是贾鲁治河后的第二年，七十九岁的萨都剌左迁淮西江北道肃政廉访司经历，赴庐州（今安徽合肥市）上任途中经过黄河，将所见所感写成了一首名为《早发黄河即事》的诗歌，诗云：

晨发大河上，曙色满船头。
依依树林出，惨惨烟雾收。
村墟杂鸡犬，门巷出羊牛。
炊烟绕茅屋，秋稻上陇丘。
尝新未及试，官租急征求。
两河水平堤，夜有盗贼忧。
长安里中儿，生长不识愁。
朝驰五花马，暮脱千金裘。
斗鸡五坊市，酣歌最高楼。
绣被夜中酒，玉人坐更筹。
岂知农家子，力穑望有秋。
裋褐长不完，粝食常不周。
丑妇有子女，鸣机事耕畴。
上以充国税，下以祀松楸。
去年筑河防，驱夫如驱囚。
人家废耕织，嗷嗷齐东州。
饥饿半欲死，驱之长河流。
河源天上来，趋下性所由。

古人有善备，鄙夫无良谋。

我歌两河曲，庶达公与侯。

凄风振枯槁，短发凉飕飕。

萨都剌

从萨都剌的这首诗中可以看出，贾鲁治河后，黄河两岸的村落田园，鸡犬相杂，羊牛出圈，炊烟袅袅绕屋，秋稻已经种上，老百姓的生活已经恢复正常。萨都剌看到这样的情景，想到的却是“兴百姓苦，亡也百姓苦”，他们努力劳作以交纳税收，不得已忍饥挨饿；由于河水高涨，他们随时面临着黄河决口带来的灾难；由于社会秩序不稳定，他们面临着盗贼的不时侵扰。萨都剌谴责权贵们醉生梦死的生活，而广大老百姓衣不蔽体、食不果腹。在萨都剌看来，贾鲁修筑河防，就像对待囚徒一样对待民工，置人民饥饿、生死于不顾，严重破坏了农业生产。另外，萨都剌提到了河源问题，至元十七年（1280），元世祖派女真人都实为招讨使，与其弟阔阔出一起率考察队前往青海地区寻找河源，同年冬天，都实绘制了《黄河源图》，并撰写了考察记。

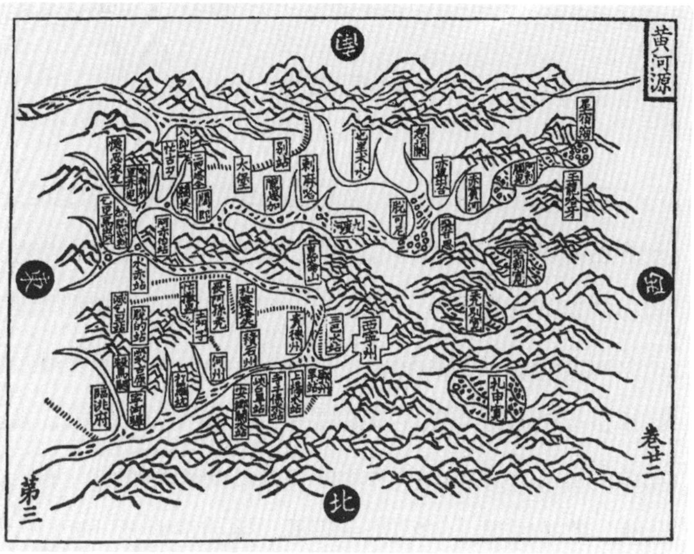


黄河源（《南村辍耕录》）

# 第五章　晚年结局

## 身死军中

至正十年（1350），也就是贾鲁治河后的第二年，元顺帝召赡思为秘书少监，讨论治河事务，赡思以生病为由推辞并未赴任。至正十一年（1351），赵州栾城（今河北石家庄市栾城区）人韩山童与颍州（今安徽阜阳市）人刘福通等决定抓住贾鲁治理黄河这一时机，发动武装起义。他们宣传天下将大乱，弥勒佛降生，明王出世，散布民谣："石人一只眼，挑动黄河天下反。"暗地里凿了一个独眼石人，在其背上刻上"莫道石人一只眼，此物一出天下反"，埋在即将挖掘的黄陵岗（在今河南兰考县东北35公里宋庄村）附近的河道上。后来役夫们将独眼石人挖出，消息传出，大河南北，人心浮动。五月初，韩山童、刘福通在颍州密谋起义，事情泄露，韩山童被捕处死，刘福通逃走，再次起兵，于五月

兰考黄河湾

初三攻占颍州，元末农民大起义正式爆发。

刘福通起义军节节胜利，攻占多个城市，全国各地纷纷起兵响应。至正十一年（1351）八月，邵州（今江苏邳县）人芝麻李（即李二）与社长赵君用、樵夫彭早住等人率众起义，攻占徐州（今江苏徐州市）。不久，起义军占领了徐州附近州县，起义军发展至十万余人。至正十二年（1352）正月，元顺帝命逯鲁曾率军镇压芝麻李。八月，丞相脱脱亲自指挥各路大军出征徐州，贾鲁跟随脱脱参加了这次出征。九

### 小贴士：逯鲁曾

逯鲁曾，字善止，修武（今河南修武县）人。元文宗天历三年（1330）进士，授翰林编修，辟为御史台掾。元顺帝至元六年（1340），为监察御史，当时伯颜罢相，逯鲁曾弹劾阿剌吉太尉、巩卜班右丞、月鲁不花院使等伯颜党羽。后任刑部员外郎，给被伯颜诬告者平反。至正十二年（1352），超擢为淮南宣慰使，跟从丞相脱脱镇压徐州红巾军，招募盐丁五千人从征。徐州被平定后，继续领所部出征淮东，死于军中。

月，徐州城被元军攻破，芝麻李逃走，后被元朝军队捕获，遭到杀害。赵君用、彭早住等率领起义军残部逃到濠州（今安徽凤阳县）。

脱脱班师回朝后，命令贾鲁追击起义军残部，分兵攻打濠州。贾鲁与总兵官月可察儿平章督战，贾鲁誓师说：“我奉旨统率八卫汉军，在濠州驻守已经七天了。尔等诸将应该同心协力，必须在今天巳、午时辰攻取城池，然才能进食。”贾鲁上马指挥前进，抵达城下时，忽然感到头晕下马，仍旧告诫兵马不得离散，病情愈益

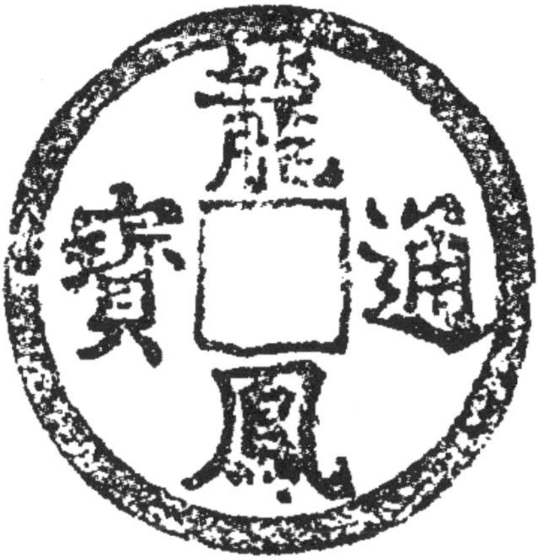


元末农民起义军钱币

加剧，服下的药被吐出也不出汗。至正十三年（1353）五月十七日，贾鲁最终死于军中，时年五十七岁。这是贾鲁与脱脱的第三次合作，贾鲁获得了脱脱的充分信任，从治河总指挥变成了带兵打仗的军官，由于贾鲁突然去世，这次合作也就戛然而止。贾鲁在濠州时，曾经命令寓居盱眙（今江苏盱眙县）的濠州人张仲仁前去劝降，张仲仁被起义军杀害。贾鲁接着命令张仲仁之子张顺礼前去劝降，张顺礼也被起义军杀害。

月可察儿亲自选派士兵护送灵柩返回高平，有旨赐予其家五百锭交钞用以办理丧葬事宜。贾鲁之子是贾

**小贴士：月可察儿**

月可察儿，元顺帝至元六年（1340）为宿卫士，六月，奉顺帝命监送文宗次子燕帖古思流放至高丽，七月，于途中杀之。至正十二年（1352）为知枢密院事，率军讨徐州。至正十四年（1354）八月，由知枢密院事改任中书平章政事，十二月，加封太尉，与河南左丞相、知枢密院事雪雪俱为总兵官，代统率脱脱所率诸王、诸省各路军。至正十六（1356）年正月，为太尉、大宗正府扎鲁忽赤，出军中受伤请求辞职，朝廷没有允许。

稹。据《同治高平县志》，贾鲁有子名为贾五会，明朝时任锦衣卫指挥使，靖难之役发生后，他曾召集乡兵，对抗朱棣的军队，后来战死，他的家属被俘虏，遭到杀害。

## 后人评论

叶子奇，字世杰，号静斋，浙江龙泉（今浙江龙泉市）人。在元朝末年，他和刘基、宋濂同为浙西有名的学者。后来刘基、宋濂都做了明朝的显宦，而叶子奇没有受到明太祖朱元璋的重视，只做了巴陵县（今湖南岳阳市）主簿的小官。洪武十一年（1378），叶子奇因事下狱，在狱中他随时写下笔记："幽忧于狱，恐一旦身先朝露，与草木同腐，实切悲之。"叶子奇出狱后完成了《草木子》一书。元朝末年流行一首名为《醉太平》的散曲："堂堂大元，奸佞专权。开河变钞祸根源，惹红巾万千。"叶子奇在《草木子》一书中认为贾鲁参与了"开河变钞"，当时担任参议一职，并且是一个沽名钓誉之徒，"首劝脱脱丞相开河北水田，务民屯种，脱脱从之"。根据《元史》记载，贾鲁从未担任参议一职，这位参议其实是孛罗帖木儿，他曾建议放西山金口水东流至高丽庄，合御河，接引海运至大都城内输纳，结果导致居民流离失所，死伤惨重。叶子奇又说贾鲁劝脱脱造至正交钞，根据《元史·食货志》《吕思诚传》中的记载，劝脱脱造至正交钞的人是吏部尚书偰哲笃和左司都事武祺。最后，叶子奇又说贾鲁"又劝脱相求夏禹故道，开使北流，身专其任"。经过贾鲁治河，黄河是往南流而不是北流，叶子奇犯了南辕北辙的错误。

宋濂（《中国历代帝王名臣像真迹》）

宋濂，初名寿，字景濂，号潜溪，祖籍金华潜溪，后迁居金华浦江（今浙江省浦江县），师从吴莱、柳贯、黄溍等著名学者。元朝末年辞朝廷征命，专心修道著书。明朝初年，受朱元璋礼聘，为太子朱标讲经。洪武二年（1369），奉命主

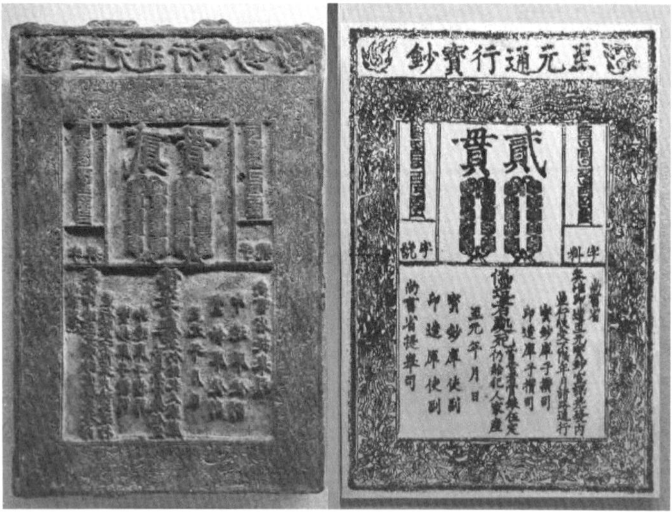


元朝纸币

修《元史》，累官至翰林学士承旨、知制诰，参与制定朝廷礼仪。洪武十年（1377），以年老辞官还乡，后因长孙宋慎牵连“胡惟庸案”而被流放茂州，病逝于途中。他评价说：“议者往往以谓天下之乱，皆由贾鲁治河之役，劳民动众之所致。殊不知元之所以亡者，实基于上下因循，狃于宴安之习，纪纲废弛，风俗偷薄，其致乱之阶，非一朝一夕之故，所由来久矣。不此之察，乃独归咎于是役，是徒以成败论事，非通论也。设使贾鲁不兴是役，天下之乱，讵无从而起乎？今故具录玄所记，庶来者得以详焉。”人们往往认为贾鲁治河导致了元朝灭亡，而宋濂认为元末农民起义爆发根本原因是元朝统治者的腐败统治，即使没有贾鲁治河，元朝也会灭亡。

潘季驯

潘季驯，字时良，号印川，湖州府乌程县（今浙江湖州市吴兴区）人，嘉靖二十九年（1550）登进士。自嘉靖四十四年

（1565）开始，到万历二十年（1592）止，潘季驯先后主持治理黄河和运河，前后持续二十七年，为明朝治河时间最长者，累官至太子太保、工部尚书兼右都御史。潘季驯在总结了前人治河经验以及自己长期治河实践，提出了“束水攻沙”的治理办法，著有《河防一览》。潘季驯在书中高度评价贾鲁，他说：“鲁之治河，亦是修复故道，黄河自此不复北徙。天假此人，为我国家开创运道，完固风泗二陵风气，岂偶然哉！”潘季驯希望贾鲁能够出生在明朝，和他一起治理黄河。

陈邦瞻，字德远，号匡左，江西高安（今江西高安市）人，万历二十六年（1598）进士，历任南京大理寺评事、兵部右侍郎等职，平生没有其他嗜好，只是非常喜欢书籍，著有《宋史纪事本末》和《元史纪事本末》。昆山（今江苏昆山市）人徐申，字周翰，号绥斋，嘉靖初年由乡举任蕲水（今湖北浠水县）知县，改上饶（今江西上饶市），授刑部主事，后来因受昭圣太后弟张延龄牵连而入诏狱，被贬外任。徐申在《元史纪事本末》序文中说：“然能黜元统而不能尽废元法，如钦天推步则至元间所授，科举三场则皇庆间所定，《四书》《易》《诗》之用朱注，《书》之用蔡注，《春秋》之用胡传，则延祐间所表章，文武官级则刘秉忠、许衡所建设，漕渠则张礼孙、郭守敬所疏凿，河防筑堤治埽诸法则贾鲁所经营。”徐申对贾鲁评价甚高，将他与刘秉忠、许衡、张礼孙、郭守敬等元朝名臣并列。

顾炎武

顾炎武，南直隶昆山（今江苏昆山市）人，初名继绅、绛，字忠清，后改名炎武，字宁人，居亭林镇，学者尊称亭林先生。顾炎武二十七岁时因秋试被黜，退而读书，阅读各地地方志及奏疏资料，研究赋税、水利、兵防等社会实际问题。顾炎武曾在家乡参加抗清活动，失败后，离乡北游，实地考察，访学问友、搜集资料，著有《天下郡国利病书》《肇域志》《日知录》《音学五书》等。在《天下郡国利病书》中，他引用了河内人（今河南博爱县）娄枢治理黄河的评论，娄枢为嘉靖四年（1525）举人，曾任广宗县（今河北广宗县）

知县，颇留意经世之学，他说：“泛言治河之道，皆本汉贾让上、中、下之三策，实究治河之工，无出贾鲁疏、浚、塞之三法。让之上策、中策，譬如滕之井田、周之里选择，名甚高而实难行也；鲁之三法，推广让之下策也，譬如管仲之治国、杨炎之两税，名虽卑，而实百世之可通行也。徙冀州之民当水冲者，败坏城郭、田庐、冢墓以万数，皆不恤，让之上策也。今观元之亡也，罪不在鲁，而怨者皆归之鲁，矧无罪而破数万家之城郭、田庐，吾恐汉室之亡，已不俟赤眉、黄巾矣。出数年治河之费以业所徙之民，让处置之宜也。虽悬置一让，徒竭居民，亦不赡徙民，徙民之空地，萑苇生而盗贼潜，其害有甚于河者。丘文庄公亟取其中策，谓多开渠道，引水灌田，可杀水怒而利农；不思春夏旱干，漕河方浅，而渠又引去；秋水时至，百川灌河，天中雨足，孰可能引无用之水以病田，是谓上策、中策之难行也。缮完故堤，增卑倍薄，让谓下策，鲁不谓下，又广其意为三法：酾河之流，因而导之，谓之‘疏’，今之酾水隄、分水河，皆其遗法也；去河之淤，因而深之，谓之‘浚’，今日之桃河淘闸是已；抑河之暴，因而塞之，谓之‘塞’，今日之棬埽筑坝是已。忧国之君子，在邵尚书，则欲以不治治之，盖本苏子瞻《王者不治夷狄论》也。六月兴师，周王岂其得已？侵镐及方，将若之何？胼手胝足，神禹岂好为劳？‘洚水警余’，谁之咎与？及考邵公治水之方，则曰‘疏故道，塞新决’，此即鲁之续余尔。”汉朝贾让提出了治理黄河的上、中、下三策，娄枢认为贾鲁的治河三策其实是推演贾让的下策。在娄枢看来，贾让的上策和中策不符合治河的实际情况，只有贾鲁的治河三策是切实可行的，元朝灭亡的罪责并不能算在贾鲁头上。

胡渭，初名渭生，字朏明，号东樵，浙江德清（今浙江德清县）人。康熙二十九年（1690），尚书徐乾学奉诏纂修《大清一统志》，聘请胡渭为分纂。康熙三十六年（1697），胡渭撰成《禹贡锥指》，共二十卷。胡渭称赞贾鲁是前古未有的治河专家，但他的治河工程受制于大运河，“为会通所窘，河必不可北，其所复者，仍是东南入淮之故道”。胡渭认为贾鲁治河实为“功成而乱作”，他既赞赏贾鲁治河的智慧和速度，但又责备贾鲁为保护惠通河而放任黄河夺淮入海，认为贾鲁若生于汉武帝或汉明帝时代，必然能超过王景的功业，甚至能恢复大禹治河的故迹。

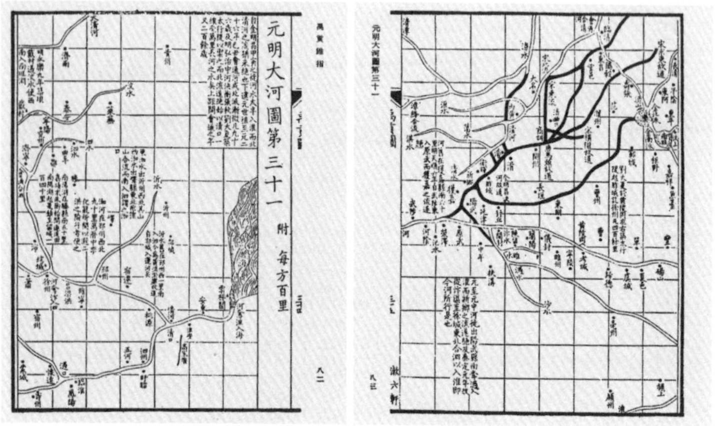


元明大河图（《禹贡锥指》）

《治河方略》

靳辅，字紫垣，辽阳（今辽宁辽阳市）人。康熙十六年（1677），四十五岁的靳辅出任河道总督，当时黄河、淮河、运河都出现了严重问题，他从此一直致力于治理黄河。靳辅继承了潘季驯“束水攻沙”的治河方略，在多地修建南岸减水坝以分泄黄河洪水，还主张将洪水引入洪泽湖。靳辅主张黄河和运河分开治理，开修了中运河，认为可以适当疏浚海口段，这一主张和潘集训不同。靳辅著有《治河方略》《靳文襄公奏疏》等。靳辅认为贾鲁治河犯了三个忌讳：（1）治河没日没夜，民工不堪其负；（2）施工正值汛期，不审天时；（3）动用十几万人力，不考虑国家隐忧患。

新中国成立后，我国著名隋唐史专家岑仲勉先生撰写了《黄河变迁史》一书，他认为贾鲁不只是把黄河北流堵塞了，而且把分流进入涡河、颍河的口子都堵住了，构成了近世所谓的“贾鲁河”，没有替黄河暴涨留

郑州贾鲁河公园

**小贴士：贾鲁河与贾鲁堤**

贾鲁河与贾鲁堤：明孝宗弘治七年（1494），都御史刘大夏率人从孙家渡引黄河水东南流，另外开凿新河七十多里，沿宋朝汴水的上游，下接蔡河故道，经郑州北流入开封，下接西蔡河故道，由白潭流入扶沟县，接东蔡河故道，至商水县汇入颍水。贾鲁治河时曾主持疏浚过汴、蔡等河流，人们为了纪念贾鲁，将这条新开的河称为“贾鲁河”。明清文献中常将“贾鲁河”与贾鲁疏浚的黄河误混为一条河流。顾炎武在《天下郡国利病书》记载了山东曹县境内有贾鲁堤，“元贾鲁浚河，两岸皆筑堤，以防冲决。自本县张家湾东南至丁家道口凡九十余里。国朝弘治间，改河南行，本此堤筑修，至万历癸卯又改河而北，此堤坍没，不可复考”。

一些泄洪途径，这是贾鲁最失策的地方。岑仲勉先生认为贾鲁的治河能力，胜过明朝的潘季驯，见地大大比不上汉朝的王景。

当前，郑州市政府正在大力建设水生态城市，郑州市政府也积极推进建设贾鲁河生态治理工程。贾鲁河生态公园建成后，金水河、索须河、熊儿河、七里河、东风渠等贾鲁河的支流将与西流湖、圃田泽、象湖、北龙湖等一起构成郑州的环城水系。

# 参考文献

1.〔元〕脱脱等著：《辽史》，中华书局 1974 年版。

2.〔元〕脱脱等著：《金史》，中华书局 1975 年版。

3.〔元〕脱脱等著：《宋史》，中华书局 1977 年版。

4.《大元圣政国朝典章》，中国广播电视出版社 1998 年版。

5.《新刊类编历举三场文选》，国家数字图书馆藏元刻电子版。

6.〔元〕欧阳玄著：《欧阳玄全集》，四川大学出版社 2010 年版。

7.〔元〕贡奎等著：《贡氏三家集》，吉林文史出版社 2010 年版。

8.〔元〕苏天爵著：《滋溪文稿》，中华书局 1997 年版。

9.〔元〕揭傒斯著：《揭傒斯全集》，上海古籍出版社 1985 年版。

10.〔元〕虞集著：《虞集全集》，天津古籍出版社 2007 年版。

11.〔元〕袁桷著：《袁桷集校注》，中华书局 2012 年版。

12.〔元〕杨维桢：《杨维桢诗集》，浙江古籍出版社2010年版。

13.〔元〕萨都剌：《雁门集》，上海古籍出版社1982年版。

14.〔元〕余阙著：《青阳先生文集》，安徽师范大学出版社2021年版。

15.〔元〕王喜著：《治河图略》，中华书局《丛书集成初编》本。

16.〔元〕赡思著：《河防通议》，中华书局《丛书集成初编》本。

17.〔元〕赵世延等著:《经世大典辑校》,中华书局2020年版。

18.〔元〕陶宗仪著：《南村辍耕录》，中华书局1959年版。

19.〔明〕宋濂等著：《元史》，中华书局1976年版。

20.〔明〕权衡著:《庚申外史》,中州古籍出版社1991年版。

21.〔明〕叶子奇著：《草木子》，中华书局1959年版。

22.〔明〕陈邦瞻著:《元史纪事本末》,中华书局2018年版。

23.〔明〕顾炎武著：《天下郡国利病书》，上海古籍出版社2012年版。

24.〔清〕钱谦益著:《国初群雄事略》,中华书局2021年版。

25.〔清〕靳辅著：《治河方略》，国家数字图书馆藏清刻本电子版。

26.〔清〕龙汝霖著：《同治高平县志》，国家图书馆藏清刻本电子版。

27. 杨镰主编：《全元诗》，中华书局2013年版。

28. 韩儒林主编：《元朝史》，人民出版社2008年版。

29. 岑仲勉著：《黄河变迁史考》，中华书局 2004 年版。

30. 陈高华著：《元史研究新论》，上海社会科学院出版社 2005 年版。

31. 陈高华著：《元代文献研究》，中华书局 2003 年版。

32. 陈高华著：《元大都元上都研究》，中国社会科学出版社 2018 年版。

33. 王静编：《中国历代帝王名臣像真迹》，河北美术出版社 1996 年版。

34. 邱树森著：《邱树森七十自选集》，华夏文化艺术出版社 2007 年版。

35. 王颋著：《元代河仓考略》，《安徽师范大学学报》1981 年第 2 期。